#Einfach
plastikfrei
leben

CHARLOTTE SCHÜLER

#Einfach plastikfrei leben

Schritt für Schritt
zu einem nachhaltigen Alltag

südwest

INHALT

PLASTIKFREI LEBEN –
GAR NICHT SO SCHWER

In diesem Buch zeige ich dir, wie du dein Leben ganz leicht Schritt für Schritt plastikfreier gestalten kannst. Dabei ist es völlig egal, ob du schon Erfahrungen mit dem Verzicht auf Plastik hast oder dich gerade erst damit beschäftigst. Es spielt keine Rolle, wie alt du bist oder ob du mit jemandem zusammenwohnst, der oder die vielleicht noch nicht plastikfrei leben möchte. Das Buch ist für jeden gedacht, der etwas gegen die Vermüllung unseres Planeten tun möchte. Jeder Einzelne kann etwas bewirken! Ich habe für dich meine Erfahrungen aufgeschrieben, damit dir die Umstellung leichtfällt. Du findest hier Tipps, Wissen, Fakten und Anleitungen, die dir helfen, in Zukunft Plastik immer stärker zu vermeiden.

Um dir den Einstieg zu erleichtern, habe ich das Buch in drei Teile gegliedert:

Im ersten Teil geht es um die wichtigsten Fakten und Basics rund um das Thema Plastik und Kunststoff. So zeige ich dir, warum es sich lohnt, deinen Alltag plastikfreier zu gestalten – auch eine gute Argumentationshilfe, wenn du andere davon überzeugen möchtest.

Im zweiten Teil zeige ich dir ganz konkret in vier Schritten, wo und wie du überall in deinem Alltag Plastik vermeiden kannst. Jeder Schritt befasst sich mit einem eigenen Thema. Dazu gibt es immer vier Rubriken – Lebensmittel, Badezimmer, Haushalt und Unterwegs – mit hilfreichen Tipps, Fakten und DIY-Anleitungen. Je nachdem, wie leicht dir diese Umstellungen fallen und wie viel Zeit du dafür einräumen kannst, kannst du das Programm individuell an dein Leben und dein Tempo anpassen: Du kannst die vier Schritte in vier Wochen umsetzen – dann bist du sehr schnell! – oder du lässt dir etwas Zeit und nimmst dir die einzelnen Rubriken nacheinander vor und in deiner eigenen Reihenfolge. Das Wichtigste ist, dass du die Neuerungen gut in dein Leben integrieren kannst. Es sollte schließlich eine nachhaltige Veränderung sein und nicht etwas wie eine »Plastik-Crashdiät«, die du schnell wieder sein lässt. Also: Lieber alles am Anfang ein bisschen langsamer angehen und dafür langfristig etwas verändern.

Im dritten Teil findest du zusätzlich ein paar Tipps zu Themen, die den meisten früher oder später auf dem Weg ins plastikfreiere Leben begegnen.

Natürlich kann ich in diesem Buch nicht auf jede Situation eingehen, die dich oder andere Leserinnen und Leser beschäftigen wird. Aber mir war es wichtig, alle Punkte mit aufzunehmen, die mich selbst bei meiner Umstellung auf einen plastikfreien Alltag verunsichert haben und für die ich mir gerne einen Leitfaden gewünscht hätte.

Da es immer mehr Spaß macht, etwas zusammen zu machen statt allein, gibt es auf Instagram zu diesem Buch den Hashtag #einfachplastikfreileben. Hier entsteht eine wachsende Community, in der alle das gleiche Ziel haben: So viel Plastik wie möglich zu vermeiden. Mit dem Hashtag können wir uns alle gegenseitig motivieren, Erfahrungen teilen und gemeinsam wachsen an den Herausforderungen, die uns begegnen. Werde Teil der Community und …

● poste deine ersten Erfolgserlebnisse,

● tausche dich über deine Erfahrungen aus,

● hole dir Tipps.

Schau dort einfach öfter mal vorbei, um dich wieder neu inspirieren und motivieren zu lassen – ich freue mich auf dich.

Deine Charlotte Schüler

Basics rund ums Plastik

WAS BEDEUTET EIGENTLICH »PLASTIKFREI LEBEN«?

Zuerst möchte ich dir ans Herz legen, dass du »plastikfrei leben« nicht als alles oder nichts siehst. Ein plastikfreies Leben betrachte ich eher als Ideal, dem wir uns nach und nach annähern. Das Ziel ist, auf so viel Plastik wie möglich zu verzichten – egal ob zu Hause, beim Einkaufen, unterwegs ... in allen Lebenslagen eben. Dazu zählt alles, was du dir vorstellen kannst: Verpackungen, Tüten, Plastikhalme, Zahnseide, Kleidung, Kosmetik ... Mittlerweile sind so gut wie alle Dinge in unserem Alltag aus Plastik, haben einen Kunststoffanteil oder sind in Plastik verpackt – mal mehr, mal weniger. Eins haben sie aber alle gemeinsam: Sie sind schädlich für uns und unsere Umwelt. Deswegen ist es höchste Zeit, dieser Gedankenlosigkeit und dem verschwenderischen Umgang mit Plastik ein Ende zu setzen! Da dies unendlich viele Produkte betrifft, ist es durchaus eine ganz schön große Herausforderung, sich auf plastikfreie Alternativen umzustellen.

Als ich mir am Anfang mal überlegt habe, was ich nicht mehr benutzen kann, wenn ich auf Plastik verzichten möchte, habe ich mich sehr schnell in einer Holzhütte mit offenem Feuer gesehen. Doch so soll mein plastikfreies Leben nicht ausschauen! Ich möchte es modern, attraktiv und in unsere Gesellschaft integrierbar gestalten. Plastikfrei zu leben muss für die breite Masse umsetzbar sein, damit wir das Plastikproblem unseres Planeten endlich in den Griff bekommen. Dieser neue Lebensstil soll niemanden zurückwerfen, gesellschaftlich ausgrenzen oder sonst irgendwie einschränken – außer natürlich beim Plastikkonsum.

Ich wollte mich durch meinen Verzicht auf Plastik nicht von Grund auf ändern oder mich von allen möglichen Dingen ausschließen. Ich wollte nur einfach meine

Lebensweise so gestalten, dass ich unserer Umwelt möglichst wenig schade. Und das geht! Ich lebe schon seit über vier Jahren auf diese Art und Weise. Das genieße ich sehr, denn es ist nachhaltig und mir fehlt es dennoch an nichts.

Das Schöne am plastikfreien Leben ist, dass du direkt deine Fortschritte an deinem eigenen schrumpfenden Kunststoffmüll siehst – ganz anders als beim Versuch, möglichst CO_2-neutral zu leben. Da kannst du als einzelner Mensch den eigenen Effekt nicht wirklich sehen, beim Plastikverzicht siehst du aber sofort die Verbesserung oder Verschlechterung an deinem Müll.

AUSNAHMEN ERLAUBT

Natürlich ist das Ziel, überall Plastik zu vermeiden. Doch manchmal muss man auch kleine Ausnahmen machen. Wenn wir Medikamente brauchen, die in Plastik verpackt sind, können wir das nicht ändern. Oder du kaufst ein Produkt mit Kunststoffanteil, sparst aber mit der kleinen Menge Kunststoff eine viel größere Menge ein. Das war zum Beispiel bei meiner Wimperntusche so: Die Tube ist aus Alu und der Deckel aus Plastik. Die Tube hält bei mir aber bis zu anderthalb Jahre und somit habe ich einiges an herkömmlichen Plastiktuschverpackungen gespart. Klar könnte man jetzt auch sagen: »Ja, dann schmink dich doch einfach nicht!« Aber das ist genau das, was ich nicht mit meinem plastikfrei(er)en Leben bewirken will: Ich will auf Liebgewonnenes nicht verzichten. Dann müsste ich mich verstellen und würde mich eher unwohl mit dem neuen Lebensstil fühlen – und das funktioniert auf Dauer nicht. Dann hätte das plastikfreie Leben immer einen negativen Beigeschmack und viel mit Verzicht zu tun.

Wir müssen einiges ändern, sehr viel sogar, aber langfristig werden wir das nur schaffen, wenn wir uns mit der Veränderung gut fühlen und nicht auf Teufel komm raus alles mit Plastik boykottieren – dann dürfte ich übrigens auch nicht an meinem Laptop sitzen und dieses Buch schreiben. Plastikfrei leben soll ja eine Bereicherung für unsere Umwelt *und* für uns selbst sein.

WO IST DIE GRENZE?

Wohl kaum jemand führt ein zu 100 Prozent plastikloses Leben. Wo zieht man die Grenze? Gehört der Müll, den der Laden produziert hat, in dem ich einkaufen war, noch dazu oder nicht? Oder die Verpackungen aus dem Restaurant, wo ich mittags essen war? Die Grenzen verschwimmen, wenn man es ganz genau nimmt.

Also sollten wir uns an dem Begriff nicht so festbeißen, sondern das plastikfreie Leben eher als Lebensphilosophie betrachten, bei der es am wichtigsten ist, den Plastikmüll im eigenen Umfeld zu vermeiden – aber so, dass der Spaß am Leben nicht auf der Strecke bleibt. Es ist wichtig, dass wir bei uns anfangen und zunächst das ändern, was wir gerade selbst verändern können. Ansonsten stößt man gegen eine Wand, kommt überhaupt nicht voran – und am Ende spart man gar kein Plastik ein, sondern redet nur darüber, dass etwas verändert werden muss.

So sollten wir das auch bei Firmen betrachten, die immer stärker auf Nachhaltigkeit setzen. Unternehmen können so wie wir auch nur einen Bereich nach dem anderen ändern. Auch bei ihnen gibt es viele Hürden, und diese können nur eine nach der anderen angegangen werden. Deswegen finde ich es wichtig, solche Firmen zu unterstützen und sie nicht gleich abzulehnen, weil die eigenen Anforderungen an Nachhaltigkeit vielleicht nur zu 70 oder 80 Prozent erfüllt sind. Wir wachsen alle gemeinsam und jeder Schritt, den wir in eine grünere Welt machen, ist wichtig. Unsere Nachfrage als bewusste Konsumenten spornt die Firmen außerdem an, sich weiter in eine grünere Richtung zu entwickeln.

Bleib nicht beim Plastik stehen!

Zum plastikfreien Leben gehört nicht nur der Verzicht auf Plastikmüll. Ich will jeden unnötigen Müll vermeiden. Auch beim Bäcker, der die Semmeln in eine Papiertüte packt, benutze ich meinen eigenen wiederverwendbaren Beutel. Ich habe ihn sowieso dabei; wieso sollte ich dann – nur weil es eine Papiertüte ist – Müll verursachen?

Ob es nun das Leben fast ohne jeglichen Müll ist oder der Wechsel zum grünen Stromanbieter – der nachhaltige Lebensstil zieht sich immer mehr und mehr durch alle Bereiche des Lebens. Aber das wirst du auch noch merken, das kommt nach und nach ganz automatisch.

Am besten hast du immer wiederverwendbare Beutel dabei.

WARUM KUNSTSTOFFE SO BELIEBT WURDEN

Wir haben ein Problem: Seit den 70er-Jahren stieg unser Verbrauch von Kunststoff exponentiell an und wenn wir unseren heutigen Verbrauch betrachten, scheint kein Ende in Sicht. Es kommen jeden Tag neue Plastikprodukte auf den Markt. Kunststoffe wurden vor allem in den Jahren nach dem Zweiten Weltkrieg entwickelt und sind wegen der vielen Möglichkeiten und der geringen Herstellungskosten beliebt. Die Menschen hatten nach dem Krieg und der entbehrungsreichen Nachkriegszeit genug vom Verzicht und das neue Material ermöglichte einen wahren Konsumrausch, den sich jeder leisten konnte. Beliebt wurde es wegen seiner vielen verschiedenen Eigenschaften und der damit verbundenen nahezu grenzenlosen Einsetzbarkeit. Die neuen Produkte haben unserem Leben mehr Komfort ermöglicht. Langsam, aber sicher haben sich die Kunststoffe den Weg in unsere Haushalte gebahnt und sind in unserem Alltag fest verankert.

Leider haben wir dabei aus den Augen verloren, wo das Material großen Nutzen hat und wo nicht. In den Bereichen Technik und Medizin sind Kunststoffe sehr hilfreich. Doch es gibt auch viele Bereiche, in denen wir Plastik blind einsetzen und Ressourcen verschwenden.

Das vermeintlich so günstige Material kostet zwar in der Herstellung wenig, dafür aber kommt es uns später teuer zu stehen. Denn eine Eigenschaft von Plastik wird uns jetzt immer mehr zum Verhängnis – und das ist die gute Haltbarkeit. Zwar gehen viele Plastikprodukte schnell kaputt, weil sie an manchen Stellen brechen, aber das Material an sich ist sehr beständig: Kunststoffteile, die vor 40 Jahren weggeworfen wurden, existieren – wenn sie nicht verbrannt oder recycelt wurden – immer noch.

Wir produzieren und produzieren, aber haben uns bisher zu wenig Gedanken gemacht und an Lösungen gearbeitet, was wir nach dem Gebrauch mit dem Wertstoff tun. Viel zu oft landen ausgediente Plastikprodukte dann in der Umwelt, die sie nicht abbauen kann. Plastik ist ein Stoff, der nicht natürlich auf unserem Planeten vorkommt. Da es sich nicht auf natürliche Weise abbaut, müssen wir es nun mühsam und kostspielig aus der Natur wieder aufsammeln. Deswegen müssen wir verhindern, dass weiterhin so viele Kunststoffe in unseren Wiesen, Weiden und Wäldern, in unseren Flüssen und Meeren landen. Als Konsumenten können wir uns am besten und nachhaltigsten gegen diese Verschmutzung wehren: Wir kaufen einfach nur noch möglichst wenig dieser Produkte und leben plastikfrei(er).

WAS IST PLASTIK?

Um noch ein bisschen genauer verstehen zu können, was Plastik überhaupt ist, habe ich dir eine kleine Übersicht erstellt mit den – für unser plastikfreieres Leben – wichtigsten Grundlagen. Diese Hintergründe sind ganz wichtig, um besser zu verstehen, warum ein plastikfreies Leben so enorm wichtig ist. Aber keine Angst, es wird nicht zu chemisch. Ich bin selbst keine Chemikerin, aber seitdem ich die Details rund um Plastik verstanden habe, finde ich es tausendmal einfacher, darauf zu verzichten. Ich kann mir gut vorstellen, dass es dir ganz ähnlich ergehen wird. Kunststoffe nennen wir in der Umgangssprache einfach nur Plastik. Sie bestehen aus Makromolekülen, die aus sehr vielen Atomen zu Strukturketten zusammengesetzt sind. Wusstest du, dass es ganz verschiedene Arten von Kunststoffen gibt? Damit du einen kleinen Überblick bekommst, erkläre ich dir, was dieses Material genau ist und warum es solche gravierenden Auswirkungen für uns und unsere

Umwelt hat. Es ist nur eine erste Zusammenfassung, natürlich gäbe es noch viel mehr zu dem Thema zu sagen. Ich habe versucht, es schön knapp zu halten, damit du die Grundbausteine kennenlernst und dann gleich mit den Veränderungen in deinem Alltag beginnen kannst.

Die einzelnen Arten von Kunststoff kann man unterschiedlich betrachten. Zwei davon möchte ich dir näher erklären. Die mechanisch-thermische Einteilung und die Zusammensetzung des Materials.

Mechanisch-thermisches Verhalten von Kunststoffen

Thermoplaste	Duroplaste	Elastomere
• sind flexibel	• sind hart und spröde	• sind elastisch
• können immer wieder durch Hitze verformt werden	• können nicht erneut bei Hitze verformt werden	• können nicht erneut bei Hitze verformt werden
• bestehen je nach Festigkeit aus zu Ketten verknüpften linearen bzw. verzweigten Molekülen	• bestehen aus engmaschig vernetzten Polymeren	• bestehen aus weitmaschig vernetzten Molekülen
• werden verwendet z. B. für Becher, Verpackungen und Kleidung	• werden verwendet z. B. für Steckdosen, Lichtschalter	• werden verwendet z. B. für Autoreifen

Anhand seines mechanisch-thermischen Verhaltens können wir als Verbraucher auch ohne Labor relativ gut beurteilen, ob und wie schädlich ein Kunststoff ist. Je »lockerer« ein Kunststoff gefügt ist, desto leichter können Schadstoffe austreten oder sich kleine Partikel abtrennen.

Wenn du das nächste Mal ein Plastikprodukt in die Hand nimmst, kannst du mal schauen, ob du es mithilfe dieser Übersicht richtig einordnen kannst.

Man kann Plastik auch anhand der Rohstoffe unterscheiden, aus denen es produziert wird:

- **Synthetische Kunststoffe** werden aus Erdöl produziert. Obwohl es eine begrenzte Ressource ist, gehen wir viel zu verschwenderisch damit um.

- **Halbsynthetische Kunststoffe** werden aus einer Kombination aus schnell nachwachsenden und synthetischen Rohstoffen hergestellt. Für dieses Verfahren werden wichtige Nahrungsanbauflächen blockiert.

Woraus Plastik hergestellt ist, können wir nicht selbst feststellen, weil die Produkte gleich aussehen. Man muss sich dafür die Inhaltsstoffe genauer anschauen.

Nur aus den Rohstoffen allein wird noch kein Kunststoff produziert, sondern für verbesserte Eigenschaften werden noch andere Stoffe (Additive), wie zum Beispiel Weichmacher, hinzugefügt. Sie machen Kunststoffe weicher und dehnbarer. Das Problem an Weichmachern ist, dass sie mit der Zeit aus dem Material wieder entweichen. Du kennst das vielleicht, wenn ein flexibles Kunststoffteil auf einmal immer poröser wird, wie zum Beispiel ein Gummiband. Das liegt daran, dass Weichmacher nach und nach ausdünsten und das Material immer härter und spröder wird.

Das ist natürlich ziemlich schlecht, weil bei allem, was sich löst, die Gefahr besteht, dass wir es zu uns nehmen. Das kann durchs Einatmen über die Luft geschehen oder auch beim Essen mit der Nahrung. Wir können die Weichmacher auch mit dem Wasser trinken oder wir nehmen sie über unsere Haut auf. Sind sie einmal in unserem Körper, können sie beispielsweise Krankheiten, darunter verschiedene Krebsarten, auslösen, unser Erbgut verändern oder uns unfruchtbar machen.

Es wird Zeit, dass wir den Müll-Wahnsinn beenden und nicht mehr so viel Plastik benutzen.

Viele neue Dinge müssen wir auslüften, bevor wir sie benutzen. Der Chemie-geruch ist sonst zu stark. Es ist ganz schön absurd, dass wir diese Produkte nach kurzem Auslüften ganz unbedacht in unser Leben integrieren, oder? Unter den Ausdünstungen sind Stoffe, die für uns gefährlich sind. Deswegen ist es so wich-tig, dass wir bei Dingen aus Plastik vorsichtig sind, denn nur weil etwas noch nicht verboten wurde, ist es nicht automatisch ungefährlich. Es wurden zum Beispiel Bisphenol-A-(BPA-)haltige Babyflaschen vor einigen Jahren verboten, aber viele andere Dinge, in denen BPA enthalten ist, sind nach wie vor erlaubt. Wir müssen uns daher selbst schützen und die Augen offen halten!

IST BIOPLASTIK DIE BESSERE LÖSUNG?

In der letzter Zeit wird immer mehr von Bioplastik und von biologisch abbaubarem Plastik geredet. Oft ist aber gar nicht klar, was das genau ist. Bioplastik wird nicht selten als die Lösung für unser Plastikproblem genannt, das ist aber in der jetzigen Form leider nicht so. Zuerst einmal muss man wissen, dass der Begriff »Bioplastik« nicht geschützt ist. Viele Zusammensetzungen von Kunststoffen fallen darunter. Zum einen kann das biobasierter Kunststoff sein, der zum Teil aus nachwachsenden Rohstoffen produziert wird, aber auch Kunststoffe aus fossilen Rohstoffen werden als Bio-Kunststoffe bezeichnet. Wir können als Verbraucher anhand dieser Begrifflichkeit gar nicht erkennen, aus welchen Materialien das Plastikprodukt hergestellt wurde. Dass Kunststoffe aus nachwachsenden Rohstoffen produziert werden, klingt zunächst toll, dabei muss man aber beachten, dass für Plastikprodukte wichtige Lebensmittelanbaufläche blockiert wird.

Neben Bioplastik wird oft der Begriff »biologisch abbaubar« verwendet – der zweite Begriff, der uns Verbraucher in die Irre führen kann. »Biologisch abbaubar« beinhaltet keine zeitliche Begrenzung und ist sehr oft nur unter industriellen Bedingungen möglich. Deswegen hat das Material nichts in unserer Natur oder in der Biotonne zu suchen, denn es baut sich viel zu langsam für die Kompostieranlagen ab und verstopft sie. Außerdem kann es nicht die Lösung sein, unsere Plastikprodukte durch ein anderes Material zu ersetzen und weiterhin an unserer Wegwerfgesellschaft festzuhalten. Es muss sich etwas Grundlegendes in unserem Konsumverhalten ändern.

WAS PASSIERT MIT UNSEREM PLASTIKMÜLL?

In Deutschland bemerken wir kaum noch, was mit unserem Plastikmüll passiert. Wir sortieren und sammeln ihn zu Hause, stellen ihn am richtigen Tag vor die Tür und dann wird er abgeholt. Ab diesen Moment denken wir nicht mehr an ihn, sondern konzentrieren uns wieder darauf, dass wir den neuen Müll, der in unseren Haushalten entsteht, richtig sortieren. In weniger entwickelten Ländern mit einer nicht so guten Abfall-Infrastruktur sieht man dagegen sehr schnell, dass unser momentanes Konsumverhalten ein großes Müllproblem mit sich bringt, denn dort liegt sehr viel Abfall herum. Nur weil es bei uns sauberer ist, heißt es nicht, dass wir nicht das gleiche grundlegende Problem haben. Unser Müll verschwindet nicht einfach wie von Zauberhand, sondern es kümmern sich einfach andere Menschen um ihn. Aber was passiert denn nun mit unserem Müll?

Nur sehr wenig Plastikmüll kann tatsächlich recycelt werden. Entweder wird der Müll falsch entsorgt, das Material an sich ist nicht zum Recyceln geeignet oder unser Müllsystem ist gar nicht dafür ausgestattet, unseren ganzen Müll zu recyceln. Warum wird oder kann nicht alles recycelt werden? Wir verwenden einfach viel zu viele Arten von Kunststoffen, die nicht alle miteinander kompatibel sind, also nicht miteinander recycelt werden können. Es werden manchmal auch Verbundstoffe bei der Produktion miteinander verarbeitet. Verbundstoffe bestehen aus mindestens zwei Materialien, die vollständig miteinander verbunden sind und die man mit der bloßen Hand nicht voneinander trennen kann. Die bekannteste Verbundverpackung sind wohl Getränkekartons, die aus Pappe, einer Aluminium- und einer Kunststoffschicht bestehen. Aber auch für Instantsuppen oder Gefrierkost

werden diese Verpackungen oft verwendet. Generell gilt aber: Je sortenreiner ein Kunststoffgegenstand ist, desto leichter recycelbar ist er. Die Recyclingquote muss steigen, denn wenn wir den Müll verbrennen, gewinnen wir zwar einmal Energie, aber wenn wir Müll immer wieder recyceln, bleiben die Ressourcen vorhanden und wir produzieren aus Altem immer wieder Neues: Das ist das Prinzip der Kreislaufwirtschaft, die ich auf S. 30 genauer erkläre. Damit das besser funktioniert, ist es natürlich wichtig, dass in der Kunststoffindustrie nicht jeder seinen eigenen »Kunststoffcocktail« mixt, sondern dass zusammenpassende Materialien verwendet werden, die zusammen recycelt werden und zu etwas Neuem werden können. Der Kunststoffmüll, den wir nicht recyceln, wird für die Energiegewinnung verbrannt oder in andere Länder exportiert. Ein bisschen absurd, dass ein Produkt, bis es fertig beim Konsumenten ankommt, um die halbe Welt transportiert worden ist und wir dann den Müll wieder woanders hinschicken, oder?
So nehmen zum Beispiel die Containerschiffe, die uns mit billigen Konsumartikeln beliefern, auf dem Rückweg unseren Abfall mit.

Recycling-Code

Durch ein Dreieck aus Pfeilen, eine Nummer darin und ein Kürzel darunter werden die Kunststoffe einer Verpackung gekennzeichnet. Da kannst du nachschauen, was für eine Sorte Plastik verwendet wurde. Ganz oft ist es so, dass zum Beispiel Deckel und Joghurtbecher eine unterschiedliche Nummer haben, also nicht zusammen recycelt werden können.

Weitere Hürden: Manche Materialien werden »downgecycelt«. Das passiert etwa, wenn Stoffe aus alten PET-Flaschen produziert werden. Was am Anfang gut klingt, ist leider keine nachhaltige Lösung, denn aus dem Material des recycelten Stoffs kann man danach nichts mehr machen, weil die Fasern zu fein sind. Das wäre also ein kurzer Kreislauf des Recyclings. Wenn jedoch aus einer PET-Flasche wieder eine neue Flasche wird, dann kann das Material viel öfter wiederverwendet werden.

Bei manchen wenigen Dingen gibt es leider momentan noch keine gute Alternative zu Kunststoff. Deswegen sollten die Kunststoffe unbedingt so konzipiert werden, dass aus ihnen wieder etwas geschaffen werden kann, sie nicht schädlich für uns sind und sie nicht als Fremdstoff in unserem Ökosystem landen.

WIE KOMMT DER PLASTIKMÜLL IN UNSER MEER?

Aber wie landet jetzt unser Plastikmüll im Meer? Größere Dinge wie Flaschen, Tüten und Becher werden zum einen durch die Flüsse ins Meer gespült. Der Müll muss dafür noch nicht einmal direkt in den Fluss geworfen werden, sondern er kann auch durch den Wind ans Wasser geweht werden. Und sind wir mal ganz ehrlich: Es liegt auch einfach viel zu viel Müll draußen auf dem Boden herum, der mit der Zeit seinen Weg in den nächsten Fluss findet.

> ☞ **Tipp:** *Starte ein Clean-up*
>
> *Wenn du Zeit hast, dann plane doch auch mal ein Clean-up. Dabei säuberst du zum Beispiel einen Strandabschnitt (an einem Fluss, am See oder am Meer) von dem ganzen Plastikmüll, der da herumliegt. Das ist wichtig, weil sonst der Plastikmüll in unseren Gewässern landet und sich Tiere daran ernsthaft verletzen oder sogar sterben können. Suche dir einfach einen Platz aus – es kann auch ein Wald oder eine Wiese sein –, sammle das ganze Plastik in einem Beutel und entsorge den Müll nach deinem Clean-up ordnungsgemäß.*
>
> *Poste doch ein Bild von deinem gesammelten Plastikmüll unter unserem Hashtag #einfachplastikfreileben. Dann können wir gemeinsam noch mehr Menschen darauf aufmerksam machen, was alles in unserer Natur landet.*

SO LANDET PLASTIK IM MEER

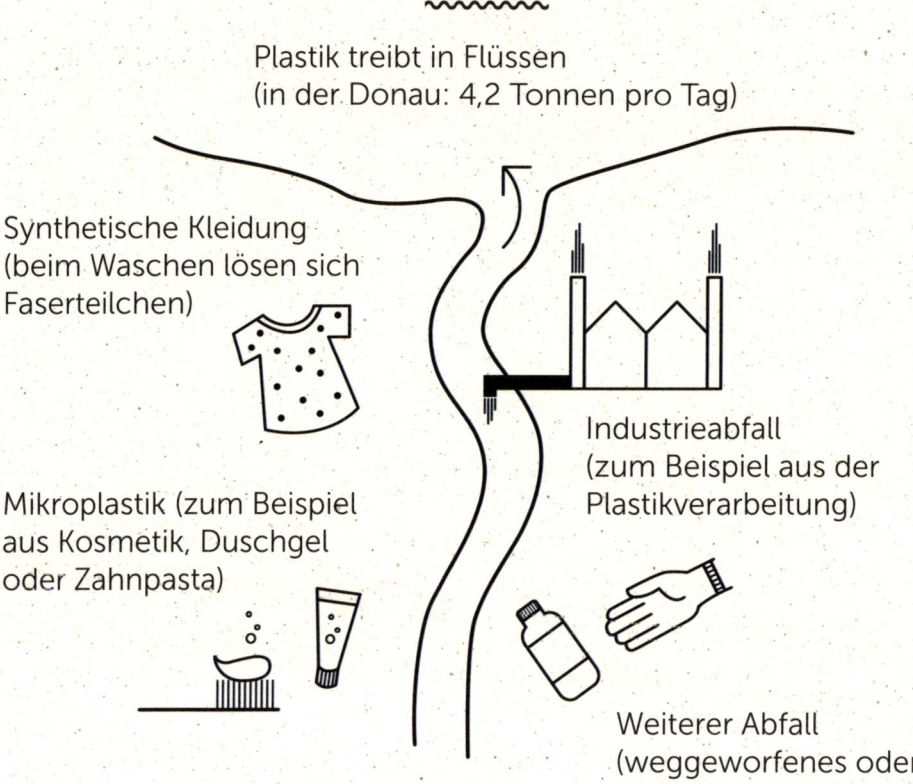

Plastik treibt in Flüssen
(in der Donau: 4,2 Tonnen pro Tag)

Synthetische Kleidung
(beim Waschen lösen sich
Faserteilchen)

Industrieabfall
(zum Beispiel aus der
Plastikverarbeitung)

Mikroplastik (zum Beispiel
aus Kosmetik, Duschgel
oder Zahnpasta)

Weiterer Abfall
(weggeworfenes oder
verlorenes Plastik)

Wenn du jetzt denkst, so viel Müll kann doch gar nicht in unseren Flüssen sein, dann geh einfach mal an einem Ufer entlang und sieh dir an, was da alles liegt. Ich mache immer mal wieder eine große Aufräumaktion, ein sogenanntes Clean-up, an Ufern und was ich da alles finde, ist der Wahnsinn: Vom Eislöffel über Plastiktüten bis zum Gartenschlauch war schon alles dabei.

Unser Müll muss auch nicht direkt von Deutschland ins Meer gelangen, sondern kann auch durch andere Länder, in die wir unseren Müll exportieren, dort landen. Das Schlimme ist, dass die Plastikgegenstände im Meer unglaublich lange brauchen, um zu zerfallen. Sie werden durch Sonnenstrahlen und Wellen in immer kleinere Teile gebrochen, bauen sich aber nie vollständig ab. So treibt dann zum Beispiel eine Plastikflasche noch Jahre später in Form von Mikroplastik durch das Meer.

Winzige Kunststoffteilchen werden auch durch unser Abwasser ins Meer gespült – etwa durch viele Kosmetikprodukte, in denen diese Partikel unter anderem als Füllmittel und Schleifmittel eingesetzt werden. Wenn wir uns duschen, abschminken oder Ähnliches erledigen, gelangen viele kleine Plastikteile in unser Abwasser. Das ist ein riesiges Problem, weil diese Stückchen viel zu klein sind, um durch unsere Filteranlagen herausgefiltert zu werden, und mit unserem Abwasser im Meer landen. Aber auch durch unsere Kleidung landet viel Mikroplastik in unserem Abwasser. Bei jedem Waschgang mit Kleidung aus synthetischen Stoffen lösen sich kleine Plastikpartikel und werden ins Abwasser gespült.

Einer der größten Verursacher sind Autoreifen: Sie reiben sich bei jeder Fahrt ab und der feine Staub wird durch den Regen ins Abwasser gespült. Im Meer schwimmen dann die kleinen Mikropartikel als Fremdkörper in unserem Ökosystem rum und werden nicht selten von Meeresbewohnern mit Nahrung verwechselt. Da wir aber diese Fische essen, landet der Kunststoff am Ende in unserem Körper: Wir stehen am Ende der Nahrungskette und merken nicht, dass auf unseren Tellern auch Mikroplastik liegt.

Du siehst: Es ist noch ein weiter Weg und es gibt keine großen Fortschritte beim Umgang mit unserem Müll. Und das, obwohl der Müllberg immer größer wird. Natürlich könnten wir jetzt auf die Politik, Abfallunternehmen und alle anderen

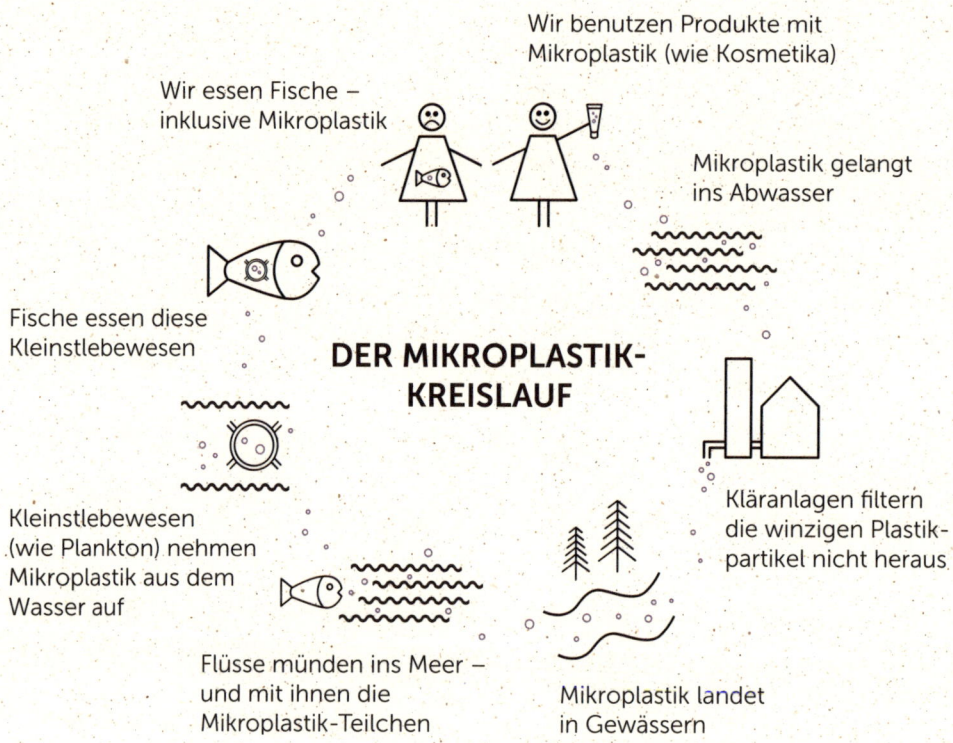

Wir benutzen Produkte mit Mikroplastik (wie Kosmetika)

Wir essen Fische – inklusive Mikroplastik

Mikroplastik gelangt ins Abwasser

Fische essen diese Kleinstlebewesen

DER MIKROPLASTIK-KREISLAUF

Kläranlagen filtern die winzigen Plastik-partikel nicht heraus

Kleinstlebewesen (wie Plankton) nehmen Mikroplastik aus dem Wasser auf

Flüsse münden ins Meer – und mit ihnen die Mikroplastik-Teilchen

Mikroplastik landet in Gewässern

großen Firmen schimpfen und uns beklagen, dass mit Plastik nicht nachhaltiger umgegangen wird. Aber bis sich da etwas ändert, dauert es viel zu lange. Wir als Konsumenten können viel schneller und effektiver auf plastikfreie Alternativen umsteigen. Das hat zwei positive Effekte: Zum einen vermeiden wir Plastikmüll. Und zum anderen schaffen wir eine höhere Nachfrage für plastikfreie Produkte, sodass es in Zukunft sehr viel mehr davon geben wird und das plastikfreie Leben immer leichter wird. Allein in den letzten Jahren hat sich schon viel verändert, wie ich bei meinen eigenen Bemühungen, nachhaltiger zu leben, bemerkt habe.

DIE FÜNF R

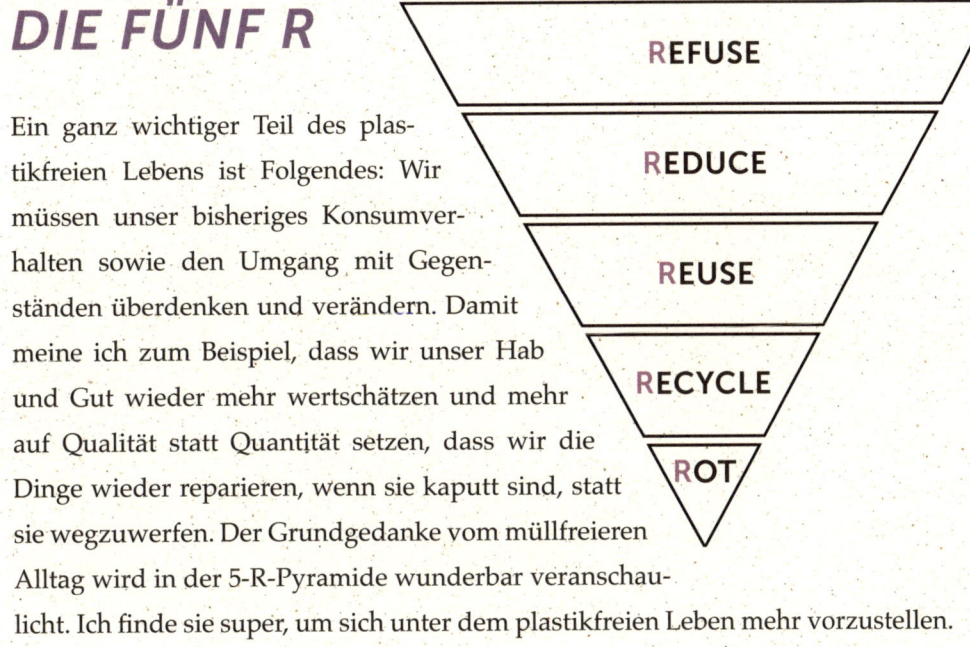

Ein ganz wichtiger Teil des plastikfreien Lebens ist Folgendes: Wir müssen unser bisheriges Konsumverhalten sowie den Umgang mit Gegenständen überdenken und verändern. Damit meine ich zum Beispiel, dass wir unser Hab und Gut wieder mehr wertschätzen und mehr auf Qualität statt Quantität setzen, dass wir die Dinge wieder reparieren, wenn sie kaputt sind, statt sie wegzuwerfen. Der Grundgedanke vom müllfreieren Alltag wird in der 5-R-Pyramide wunderbar veranschaulicht. Ich finde sie super, um sich unter dem plastikfreien Leben mehr vorzustellen.

1. REFUSE – ABLEHNEN

Das Wichtigste ist, Plastik und alles Überflüssige abzulehnen, etwa Tüten, Werbegeschenke oder Flyer. Ob wir auf einer Einkaufstour sind oder auf einem Messebesuch, überall werden uns Dinge gratis angeboten, die wir gar nicht brauchen. Meistens wollen wir einfach niemanden vor den Kopf stoßen und nehmen sie dankend an, um sie dann ins hinterste Eck der Wohnung zu legen oder direkt wieder wegzuwerfen. Mir ist es am Anfang auch ein bisschen schwergefallen, aber mittlerweile lehne ich einfach alles dankend ab und erkläre meistens ganz kurz, dass ich Müll einsparen möchte.

2. REDUCE – REDUZIEREN

Reduktion ist kein Verzicht. Es geht einfach darum, Impulskäufe zu vermeiden. Statt fünf verschiedene Gesichtscremes hast du dann nur eine, die du gerne verwendest. Am besten ist es, sich vor jedem Einkauf zu fragen: Brauche ich das wirklich? Habe ich nicht schon etwas Ähnliches? Dadurch spart man eine Menge Müll und es hat auch einen schönen Nebeneffekt, denn das Leben wird insgesamt ordentlicher, weil man sich um weniger Dinge »kümmern« muss.

☞ **Tipp:** *Leihen und tauschen hilft reduzieren*

Manche Dinge, etwa Werkzeug, brauchst du nur ganz selten. Dann ist es viel sinnvoller, es sich bei Freunden oder Nachbarn zu leihen, statt es zu kaufen. Oder ihr kauft euch gemeinsam gutes Werkzeug. Auch Tauschen ist eine gute Methode, um den eigenen Haushalt klein zu halten und gebrauchte Dinge weiterzuverwenden, statt sie wegzuwerfen.

3. REUSE – WIEDERVERWENDEN

Das wirst du in den folgenden Kapiteln noch oft lesen: Wiederverwenden, wiederverwenden und nochmals wiederverwenden. Wichtig ist, dass man sich nur Produkte anschafft, die wiederverwendbar oder langlebig sind. Sie sind am Anfang etwas teurer, aber das zahlt sich im Laufe der Zeit aus. Statt alle paar Jahre eine neue Box für dein Pausenbrot kaufen zu müssen, weil das Material nachgibt, investierst du einmal in eine hochwertige Box zum Beispiel aus Edelstahl, die sogar mehrere Jahrzehnte lang halten kann.

4. RECYCLE – WIEDERVERWERTEN

Wenn wir in einem Bereich Müll nicht vermeiden können, ist es wichtig, dass die Produkte, die wir konsumieren, recycelbar sind. Generell gilt: Je weniger Materialien miteinander verarbeitet sind, desto recycelbarer ist das Produkt. Wenn du die Wahl hast, ist ein Produkt aus verschiedenen Materialien, die sich gut trennen lassen, meistens besser. Ein Beispiel: ein Alu-Kugelschreiber mit Plastikmine – beides lässt sich gut trennen – und ein Kugelschreiber mit einem Gehäuse aus Kunststoff und Aluelementen, der sich nicht in die Ursprungsmaterialien zerlegen lässt. Der zweite wird höchstwahrscheinlich nicht recycelt.

5. ROT – ZERSETZEN

Vieles, was übrig bleibt, kann kompostiert werden. So verschwindet es irgendwann. Entweder gibst du es in die Biotonne oder du kompostierst im Garten. Vielleicht hast du sogar eine Wurmkiste. Eine was? In der Wurmkiste leben viele Würmer, die sich durch den Abfall fressen und ihn langsam kompostieren. Du kannst sie selbst aus Holz bauen und sie braucht auch nur wenig Platz. Praktisch ist sie auch: Da sie einen Deckel hat, stinkt sie überhaupt nicht. Wenn du wenig Zeit oder kein handwerkliches Talent hast, kannst du dir im Handel eine fertige Wurmkiste besorgen.

KREISLAUF- STATT WEGWERFGESELLSCHAFT

Bei den fünf R wird schon ein deutlich, dass wir uns von der Wegwerfgesellschaft verabschieden sollten, wenn wir umweltfreundlicher leben wollen. Stattdessen würde es helfen, eine Kreislaufwirtschaft anzustreben. Darin wird alles immer wieder in einen Kreislauf zurückgeführt – das heißt, es gibt keinen Müll, der übrig bleibt, sondern alles wird wiederverwertet.

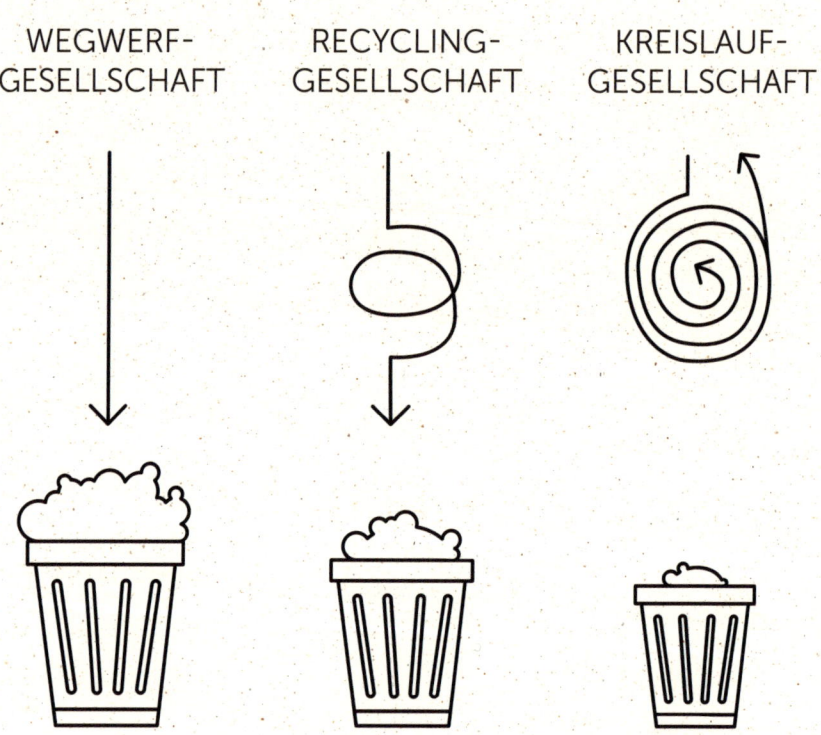

WEGWERF-GESELLSCHAFT   RECYCLING-GESELLSCHAFT   KREISLAUF-GESELLSCHAFT

VON PLASTIKREICH ZU PLASTIKFREI

Früher habe ich mir über Plastik kaum Gedanken gemacht. Ein normaler Tag sah so aus: Morgens ging einer meiner ersten Griffe zu meiner Plastikzahnbürste und zur Zahnpastatube. Dann benutzte ich Haarbürste, Wimperntusche, Creme und Puder – natürlich alles aus Plastik oder darin verpackt. Wenn ich im Bad fertig war, wühlte ich durch meine Sachen im vollen Kleiderschrank. Dabei hatte ich immer den Gedanken: »Oh nein, ich habe gar nichts zum Anziehen.« Nach viel Hin und Her habe ich jedes Mal etwas gefunden – allerdings war in den Klamotten auch Plastik enthalten und sie waren nicht fair produziert.

Nach dem Frühstück holte ich das Brot aus der Tüte und wickelte Käse und Gemüse aus der Plastikfolie, um mir ein Pausenbrot zu belegen. Das habe ich dann in meine Tupperdose gelegt, damit es frisch bleibt. Müde, wie ich wahr, brauchte ich noch einen Kaffee und besorgte mir am Bahnhof einen Coffee to go im Pappbecher mit Plastikbeschichtung und Plastikdeckel. An der Schule holte ich mir ein Wasser aus dem Automaten, der natürlich mit Plastikflaschen gefüllt war. Mittags gab es meist einen verpackten Salat mit Einwegplastikgabel und einem Dressing aus dem Plastikdöschen. Auf dem Heimweg ging es noch schnell in den Supermarkt: Auch hier war wieder alles in Plastik verpackt und eine Plastiktüte, um alles zu tragen, brauchte ich auch. In der Küche wurde dann erst mal alles ausgepackt und sortiert: Lebensmittel auf die eine, die Verpackung auf die andere Seite. Am Ende waren beide Berge etwa gleich hoch – das Essen wanderte in den Kühlschrank und die Regale, der Plastikmüll kam in den Mülleimer. Die Tage endeten, wie sie begannen: Mit einem Griff zu Plastikzahnbürste und Zahnpastatube.

WIE ALLES BEGANN

Ich machte mir damals nicht viele Gedanken darüber. Anders geht es nicht, dachte ich, und das wird sicher alles recycelt. Mein Alltag könnte bis heute so aussehen, doch als ich 16 Jahre alt war, begann sich etwas zu verändern. Zum Glück, denke ich heute. Zu diesem Zeitpunkt fing meine Mutter an, sich verstärkt mit dem Thema Plastik zu beschäftigen.

Sie wollte sich mit einer Produktidee selbstständig machen: einem »Kochsackerl«. Die Idee vom Kochsackerl war, dass sich in dem Sackerl schon alle trockenen Zutaten in den richtigen Portionsgrößen für die jeweiligen Gerichte befanden. Verkauft wurde es in kleinen Läden, die dem Kunden die jeweiligen frischen Zutaten gleich mit reingepackt haben. Dabei ist ihr aufgefallen, dass es überhaupt kein Angebot an plastikfreien Verpackungen gab. Naturmaterialien waren meiner Mutter schon immer sehr wichtig, denn sie ist sehr umweltverbunden.

Vom Kochsackerl zum eigenen Laden: Meine Mutter setzt sich sehr für Nachhaltigkeit ein.

Anders ist nicht immer leicht

Es ging bei uns zu Hause immer etwas anders zu als bei meinen Mitschü-
lern. Anders ist ja nicht immer schlecht, aber manchmal war es mir ein
bisschen unangenehm. Ich erinnere mich noch an meine Grundschulzeit,
als ich ein neues Heft brauchte, wir aber noch wahnsinnig viel Papier aus
Mamas Studienzeit daheim hatten. Sie hat mir dann einen Schnellhefter
mit Blockpapier zusammengestellt und mich damit in die Schule geschickt.
Wer aber Kinder hat oder sich selbst noch an die akribisch angefertigten
Einkaufslisten der Schulen zu Schuljahresanfang erinnern kann, der weiß:
Schulen sind unflexibel.

Es kam, wie es kommen musste: Meine Lehrerin hat mich mit einer Notiz
nach Hause geschickt und meine Eltern darin um ein neues Heft gebeten.
Doch so einfach knickte meine Mutter nicht ein: Am nächsten Tag musste
ich wieder mit dem selbst gebastelten Heft in meine Klasse gehen und
sie gab mir eine Notiz für meine Lehrerin, dass diese Lösung genauso
gut funktionieren würde. Und wer gewann dieses Spiel am Ende? Meine
Lehrerin entschied sich, nicht weiter zu diskutieren. Sie kaufte mir einfach
selbst ein Heft.

Natürlich verstehe ich die Sicht meiner Mutter, die zunächst alles an Papier
verbrauchen wollte, was noch herumlag. Aber das Umfeld macht es einem
nicht immer leicht – da gibt es so viele Erwartungen und Konventionen
und es ist oft viel Überzeugungsarbeit nötig, bis man aus der Reihe tanzen
und eine nachhaltige Idee umsetzen kann.

Bei der Produktentwicklung des Kochsackerls ärgerte sich meine Mutter über die unzähligen Verpackungen. Wie kann es sein, dass all diese wunderbaren Biolebensmittel in Plastik gehüllt werden? Recht hat sie! Also stand für meine Mutter fest, dass für die Produktion kein Plastik verwendet wird. Je mehr sie sich mit dem Thema beschäftigt hatte, desto besorgter wurde sie. Das ganze Ausmaß des Plastikkonsums und die damit verbundenen Schäden wurden ihr zum ersten Mal wirklich bewusst und schockierten sie. So begann die Wende in unserem Haushalt: Meine Mutter kaufte immer weniger Dinge aus Plastik und suchte nach Lösungen, um Verpackungsmüll zu vermeiden. Damals war das viel schwerer als heute, aber nach und nach haben immer mehr nachhaltigere Lösungen den Weg in unsere Wohnung gefunden. Du kennst das ja: Wenn man einmal mit einem wichtigen Projekt beginnt, kann man nicht mehr aufhören. Hoffentlich geht es dir beim Lesen dieses Buchs auch so, wenn du nach und nach meine Ideen und Tipps umsetzt.

Nach den ersten Veränderungen nahm bei uns zu Hause alles seinen Lauf. Zunächst habe ich zusammen mit meiner Mutter in einer süßen kleinen Manufaktur das Kochsackerl in liebevoller und zeitaufwendiger Arbeit selbst gepackt. Dann wurde im Februar 2014 ein Nebenraum gemietet und nach und nach ist ein kleiner plastikfreier Laden entstanden. Stellt euch vor, dieser Raum befand sich im Keller eines ehemaligen Verlagshauses – er war also sehr schwer zu finden und wir hatten auch nur zweimal die Woche für ein paar Stunden auf. Doch es hat trotzdem funktioniert: Schon damals sind immer wieder interessierte und motivierte Menschen vorbeigekommen, die das gleiche Ziel wie wir hatten: Plastik zu vermeiden.

Ich muss ganz ehrlich zugeben: Am Anfang war ich lange nicht so motiviert wie heute und in den ersten Monaten hat es mich sehr genervt, dass meine Mutter und ich uns ständig über die Sachen stritten, die ich benutzte. Zum Beispiel kritisierte sie mich für die Plastikflasche, die ich mir jeden Tag in der Schule gekauft habe. Jedes Mal habe ich genervt erwidert, dass ich die Flasche ja regelmäßig selbst auffülle. Heute weiß ich natürlich, dass es schlecht für meine Gesundheit ist und viele schädliche Stoffe des Plastiks ins Wasser wandern.

DIE WENDE

Kurz darauf begann meine Mutter in ihrem Laden die ersten Edelstahl-Flaschen zu verkaufen, von denen sie mir gleich eine schenkte. So hatte sich das Problem erledigt und wir bekamen uns nicht mehr jeden Tag in die Haare. Ich nahm ganz brav meine wiederverwendbare Flasche überallhin mit und habe sie immer wieder aufgefüllt. Ab diesem Moment wurde mir klar, dass solche kleinen Veränderungen viel bringen. Mein Ehrgeiz war geweckt und ich habe selbst angefangen, mehr und mehr plastikfreie Produkte auszusuchen. Während also meine plastiklose Ausstattung immer mehr wuchs, sank gleichzeitig mein Plastikmüll ganz erheblich.

Am Anfang war es für mich gar nicht so schwer, Stück für Stück

Edelstahl-Flaschen sind im plastikfreien Alltag eine große Hilfe.

meinen Plastikkonsum zu reduzieren. Ich hatte mir kein festes und strenges Ziel gesetzt, das mich hätte überfordern können. Ich ging einfach Stück für Stück vor. Wenn ich etwas austauschen konnte, tat ich es einfach. Wenn nicht, wartete ich eben noch etwas. Für mich war es am leichtesten, mit kleinen Dingen anzufangen. Nach der Edelstahlflasche kamen Gemüse- und Obstbeutel sowie eine Edelstahl-Brotzeitbox dazu. Innerhalb von zwei Jahren habe ich mein Leben kontinuierlich von Plastik befreit. Doch ich lebte zu diesem Zeitpunkt in einer WG und bei allem, was meine Mitbewohner und ich gemeinsam benutzten, war oft Plastik im Spiel.

PLASTIKFREI FOREVER

Als ich in meine erste eigene Wohnung gezogen bin, stand für mich fest: Jetzt muss ich die Chance nutzen und einen wirklich plastikfreien Alltag in Angriff nehmen. Ich hatte die Chance, einen komplett neuen Haushalt aufzubauen: Eigentlich gehörte mir so gut wie nichts von den Haushaltsgegenständen aus der WG und ich zog im Grunde nur mit einem Koffer in die neue Wohnung. Also wollte ich diese Gelegenheit nutzen und dabei keinerlei Plastik einziehen lassen. Gar nicht so einfach! Ich stieß zwischendurch immer wieder auf Herausforderungen, für die ich eine Lösung finden musste. Oft ist mir selbst eine Alternative eingefallen und zu meinem Glück wuchs parallel die Auswahl im Laden meiner Mutter. Jede Woche kamen neue plastikfreie Produkte hinzu und so ist es heute noch: Der Markt wächst und es gibt immer mehr nachhaltige Ideen.

Es reichte mir nicht, nur allein in einer schönen plastikfreien Umgebung zu leben. Sobald ich die Wohnung verließ, sah ich so viel Plastik um mich herum. Auf den Grünstreifen in der Stadt lag Plastikmüll, in der U-Bahn trank fast jeder Kaffee aus einem Wegwerfbecher und im Supermarkt wurde fast alles von einer Extra-Plastik-schicht umhüllt. Ich wollte deshalb andere Menschen inspirieren und auch meine Mutter und ihren Laden unterstützen. Damit ich meine neuesten Funde, Erkennt-nisse und Tricks rund ums plastikfreie Leben möglichst vielen zeigen konnte, habe ich angefangen, meinen Alltag auf Instagram zu dokumentieren. Schnell habe ich gemerkt, dass ich nicht alles in wenigen Worten unter einem Bild erklären kann und mehr Platz brauche. Also habe ich meinen Blog aufgebaut und online gestellt. Zu der Zeit hatte ich gerade meine Ausbildung als Mediengestalterin gemacht, das hat mir sehr geholfen und das Ganze beschleunigt.

MACH MIT – WIR WERDEN IMMER MEHR

Mittlerweile ist der Schritt in mein plastikfreies Leben fünf Jahre her – seitdem gibt es den plastikfreien Laden meiner Mutter in München-Haidhausen und den dazu gehörigen Onlineshop Naturlieferant. Meinen Blog und meine Social-Media-Pro-file gibt es seit vier Jahren. Das klingt vielleicht nicht lang, aber in dieser Zeit ist wahnsinnig viel passiert. Mittlerweile haben sich dort mehrere Zehntausend liebe Menschen zusammengefunden, die alle etwas verändern wollen. Für mich ist es schön zu sehen, dass ich immer mehr Leute dazu inspiriere, Plastik zu vermei-den, und ihnen Tipps geben kann. Oft bekomme ich von ihnen die gleiche Frage gestellt: »Wie kann ich anfangen?« Viele schrecken vor der Veränderung zurück und wissen auch nicht, wo sie am besten anfangen sollen oder wie sie dieses Vorha-ben durchziehen können, ohne aufzugeben. Ich habe dieses Buch geschrieben, um allen zu zeigen, dass jeder etwas bewirken kann. Wirklich jeder! Niemand muss und kann von heute auf morgen zu 100 Prozent auf Plastik verzichten.

Das Vier-Schritte-Programm

VIER SCHRITTE INS PLASTIKFREI(ER)E LEBEN

Nun weißt du schon einiges über Plastik, aber noch nicht wirklich, wie du es vermeiden kannst. Dazu kommen wir jetzt! Ich habe für dich ein Vier-Punkte-Programm ausgearbeitet, mit dem du Schritt für Schritt dein Leben plastikfrei oder plastikfreier gestalten kannst. Eigentlich sollte es ein Vier-Wochen-Programm werden, weil aber die Veränderungen bei jedem Menschen unterschiedlich lange dauern, möchte ich dir keine zeitlichen Vorschriften machen. Es sind vier Schritte, weil ich nicht wollte, dass ich dir ganz viele Tipps gebe und du von Tag 1 an versuchst, alles auf einmal umzusetzen. Das geht garantiert schief und endet in Überforderung. So hörst du vermutlich schnell wieder auf mit deinem neuen Projekt und es wäre doch schade, wenn wir dich in unserer Plastikfrei-Community verlieren!

Du kannst dich vielleicht noch an den Anfang des Buchs erinnern: Es ist ganz wichtig, dass du alles in deinem eigenen Tempo machst. Mal hat man mehr Zeit, Lust und auch Geld für plastikfreie Verbesserungen und mal weniger. Außerdem befindet man sich nicht immer in einem Umfeld, in dem alles umsetzbar ist. Es gibt deshalb verschiedene individuelle Möglichkeiten, wie du mit meinem Programm umgehen kannst:

- **Variante 1:** Du kannst die vier Schritte nacheinander durcharbeiten. Die ersten Veränderungen werden schneller gehen, einige brauchen ein bisschen mehr Zeit (vor allem die letzten nachhaltigen Ideen). Starte am besten immer erst dann mit einem neuen Schritt, wenn du schon alles aus dem letzten Schritt erfolgreich in deinen Alltag integrieren konntest. Wenn es noch an ein paar

Stellen ein wenig hapert, dann lass dir ruhig noch ein bisschen Zeit, bevor du mit dem nächsten Schritt und neuen Veränderungen anfängst.

- **Variante 2:** Du nimmst dir eine der Rubriken (Lebensmittel, Haushalt, Bad, Unterwegs) vor und gehst diese nacheinander in vier Schritten durch. Wenn du zum Beispiel mit dem Bad anfangen möchtest, dann setzt du die Schritte für diese Rubrik nacheinander um. Wenn du damit fertig bist, kannst du mit der nächsten Rubrik anfangen.

Ich finde, dass neue Veränderungen mit einem Wochenstart ganz gut zu verknüpfen sind. Wenn du also bereit für neue Herausforderungen im Plastikwahnsinn bist, schau dir doch am Sonntag die neuen Tipps an und starte gleich am Montag mit ihnen. Such dir einfach das Beste für dich heraus oder teste eine meiner vorgeschlagenen Varianten. Hauptsache, ein Plastikstück nach dem anderen wird vermieden und wir setzen gemeinsam dem ganzen Müllwahnsinn ein Ende!

WO GIBT ES WAS?

Die meisten Dinge, die ich dir hier vorstelle, gibt es in allen Unverpackt-Läden zu kaufen, manche auch in Bioläden oder Reformhäusern. Wohnst du nicht in der Nähe eines Unverpackt-Ladens, kannst du dir die Non-Food-Produkte und Grundnahrungsmittel ganz einfach in nachhaltigen Onlineshops bestellen. Das ist natürlich aus nachhaltigen Aspekten nur sinnvoll, wenn du eine größere Bestellung aufgibst oder besser noch eine Sammelbestellung mit deinen Freunden. Bei manchen Sachen ist der Onlinekauf sinnvoller als bei anderen. Wenn du zum

Beispiel in deiner Umgebung keine gute plastikfreie Trinkflasche findest, kannst du eine online bestellen und diese viele Jahren nutzen. So hast du so viele Plastikflaschen eingespart, dass der eine zusätzliche Transportweg noch zu verkraften ist. Bevor du anfängst, ist es ganz gut, wenn du dir noch einmal in Ruhe Gedanken machst und dir mithilfe der kleinen Liste deine Top-3-Gründe überlegst, warum du auf Plastik verzichten möchtest. Die kannst du dir dann im Laufe des Prozesses immer mal wieder anschauen und dich erinnern, warum du das Ganze machst – auch wenn es vielleicht mal schwieriger ist.

Checkliste:
Drei gute Gründe, auf Plastik zu verzichten

1. ....

2. ....

....

3. ....

....

ZEHN TIPPS FÜR DEN ANFANG

Egal, wie lange jemand schon auf Plastik verzichtet, also ob du gerade erst anfängst oder wie ich schon einige Monate oder Jahre mitmachst: Es gibt immer wieder Höhen und Tiefen. Wir leben momentan einfach noch in einer Welt voller Kunststoffe und es werden immer mal wieder Situationen kommen, in denen es besonders schwer ist, auf Plastik zu verzichten oder wo man doch aus Versehen Plastikmüll verursacht. Ich war zum Beispiel an einem Abend mit Freundinnen unterwegs und wollte einen Cocktail trinken und habe ihn wie immer ohne Halm bestellt. Er kam dann auch ohne Halm, aber leider mit einer riesen Plastikpalme darin …

Was ich damit sagen will: Egal, wie viele Fortschritte man im plastikfreien Leben gemacht hat, es kommen immer mal wieder Situationen, in denen es einfach nicht hundertprozentig klappt. Das Wichtigste ist, dass man sich davon nicht abbringen und demotivieren lässt, denn wir müssen alle zusammen weiter daran arbeiten, unseren Kunststoffmüll immer mehr zu reduzieren. Deswegen habe ich für dich ein paar Tipps, die mir immer sehr helfen:

1. Erinnere dich immer wieder daran, dass es ein Prozess ist, das Leben plastikfrei zu gestalten. Es geht nicht alles von heute auf morgen. Bei mir hat es auch etwa zwei Jahre gedauert, bis ich das meiste Plastik (aber längst nicht alles!) aus meinem Alltag verbannt hatte. Deswegen bleibe ich immer am Ball und mache weiter.

2. Lass dich nicht entmutigen! Vor allem wenn dein plastikfreier Extrawunsch abgewiesen wird. Viele Leute (zum Beispiel Verkäuferinnen) hören das zum ersten Mal und sagen meistens »Nein« aus Angst, etwas nicht zu dürfen.

Erkläre einfach deine Absichten und du wirst merken: Du stößt auf viel Verständnis. Niemand wird erwidern, dass er Müllvermeidung schlecht findet.

3. Sei kreativ! Verwende zum Beispiel deinen To-go-Becher nicht nur für Getränke, sondern unterwegs auch für Asia-Nudeln to go. Man kann nicht immer für jede Situation etwas Passendes dabeihaben. Deswegen sei einfach kreativ, wie du mit den Dingen, die du dabeihast, Müll vermeiden kannst.

4. Wenn es bei dir eine Sache gibt, auf die du einfach nicht verzichten kannst oder willst – bei mir sind es übrigens die Kontaktlinsen – suche dir andere Dinge, die du ganz leicht ändern kannst. Es gibt genug. Wichtig ist, dass du zunächst die große Masse an Plastik minimierst. Um die Kleinigkeiten kannst du dich nach und nach kümmern.

5. Ein kleiner »Plastikrückfall« passiert jedem. Egal, ob es mal ein Plastikhalm im Getränk ist oder etwas nicht offensichtlich mit Plastik eingepackt war. Daraus lernst du und mit der Zeit wirst du immer aufmerksamer, wo dir überall Plastik begegnen kann. Solange es in deinem Gelben Sack immer weniger wird, befindest du dich auf dem richtigen Weg.

6. Ein paar Dinge werden dir am Anfang ein bisschen komisch vorkommen, wie zum Beispiel, bei jedem Einkauf deine eigenen Boxen mitzubringen. Lass dich aber davon nicht abschrecken. Bei den ersten Versuchen bist du vermutlich etwas unsicher, aber das bessert sich mit jedem Einkauf, bei dem du erfolgreich Plastik eingespart hast. Du wirst von Mal zu Mal selbstbewusster werden und findest es irgendwann ganz normal.

7. Akzeptiere, dass nicht jeder so weit ist wie du, und verzweifle nicht an dem Plastikkonsum deiner Mitmenschen. Lebe ein positives Beispiel vor und du wirst sehen: Nach und nach schenken auch die Menschen in deinem Umfeld dem Thema mehr Beachtung.

8. Wenn du dich gelegentlich so fühlst, als würdest du ganz allein gegen das große Plastikmonster kämpfen, dann schau doch bei unserem Hashtag zum Buch #einfachplastikfreileben vorbei und sieh dir an, wie es den anderen Gleichgesinnten geht.

9. Wenn du in einer ungewohnten Umgebung bist, ist es meistens schwieriger, keinen Plastikmüll zu produzieren. Mir kommt es fast so vor, als würde ich an jedem neuen Ort, an den ich komme, ein Stück weit wieder erst anfangen, auf Plastik zu verzichten. Jedes Mal muss ich wieder ganz neu schauen, wo die ganzen Plastikfallen (wie Salatdressing in einem Plastikeinwegschälchen im Restaurant) sind und wie ich sie vermeiden kann.

10. Fotografiere einmal deinen Plastikmülleimer, bevor du mit den Veränderungen anfängst, und vergleiche dieses Bild im Laufe der Zeit immer mal wieder mit deinem aktuellen Jetzt-Stand. Daran siehst du sehr schön deine Erfolge und auch direkt, auf welche Müllquellen du dich noch besonders konzentrieren musst.

So – jetzt geht es aber los. Ich wünsche dir ganz viel Erfolg und viel Freude beim Weltretten! Und immer daran denken: Jedes Stück Plastik, das du aus deinem Alltag dauerhaft verbannst, ist eine große Verbesserung und ein Erfolg!

Schritt 1

Schnelle, effektive
Veränderungen

KLEINE NEUERUNGEN MIT GROSSER WIRKUNG

Jetzt hast du dir wahrscheinlich die ersten Seiten durchgelesen, dich in deinem Zuhause umgeschaut und überall Dinge aus Plastik gesehen. Vielleicht denkst du gerade: »Oje, womit fangen wir jetzt an?«

Keine Angst, es geht allmählich los: Beim ersten Schritt beschäftigen wir uns mit kleinen Veränderungen, die dennoch eine große Wirkung haben und schon eine ganze Menge an Müll vermeiden. Das Allerwichtigste ist aber, dass du dich am Anfang nicht von dem scheinbar riesigen Berg Arbeit abschrecken lässt. Es kann sein, dass es dir beim Anblick mancher Dinge unvorstellbar vorkommt, dafür eine plastikfreie Alternative zu finden. Arbeite dich trotzdem Stück für Stück an dein Ziel heran und halte dich zu Beginn nicht mit Dingen auf, die dir unmöglich scheinen. Das lässt dich schnell verzweifeln und hemmt deine Motivation.

Die Hauptsache ist, dass die Veränderungen nachhaltig geschehen, also dass du sie auf Dauer in deinem Alltag umsetzt. Doch das klappt nur, wenn du dich am Anfang nicht überforderst und es nicht als zusätzliche Last zu den Alltagssorgen siehst. Mit mehr Erfahrung rund ums plastikfreie Leben wirst du nach und nach für alles eine Lösung finden – so war es bei mir auch. Außerdem zeige ich dir in diesem Buch viele Möglichkeiten für Verbesserungen.

Im ersten Schritt geht es zunächst darum, zu analysieren und zuzuordnen, damit es gleich von Anfang an ein schöner und angenehmer Einstieg ist. Wir werden ein bisschen aussortieren – denn bevor wir anfangen, neue Dinge plastikfrei zu kaufen, sollten wir uns erst mal einen aktuellen Überblick über die vorhandenen Dinge verschaffen. Denn zum plastikfreien Leben gehört auch die Ressourcenshonung. Was brauche ich? Was brauche ich nicht? Alles, was du nicht selbst benötigst, kannst du weitergeben. Hab keine Angst, dass du am Ende in einer leeren Wohnung stehst, weil momentan fast alles aus Plastik ist oder einen kleinen Plastikanteil hat. Es wird definitiv leerer – aber einfach nur angenehm übersichtlich und du wirst nichts vermissen. Versprochen!

Übrigens: Zum Thema übersichtlicherer Haushalt findest du im Kapitel »Minimalismus und Downsizing« ab Seite 154 viele weitere Tipps.

Was wir auf keinen Fall machen

Bitte wirf auf keinen Fall in deinem Haushalt all das sofort weg, was aus Plastik besteht. Das würde nämlich gerade zum Gegenteil von dem führen, was wir erreichen möchten: Es verursacht auf einmal wahnsinnig viel Müll. Wichtig ist es, im Haushalt zwischen Plastik zu differenzieren, das uns nicht aktiv schadet, und wirklich schädlichem Plastik. Weniger schädlich ist zum Beispiel ein Stuhl oder eine Haarbürste. In solchen Fällen bedeutet Nachhaltigkeit, den Kunststoffgegenstand so lange wie möglich weiterzuverwenden. Wichtig ist, dass du Lebensmittel nicht in Plastik lagerst oder erhitzt. Produkte mit Mikroplastik sollten im Restmüll entsorgt und durch plastikfreie Produkte ersetzt werden.

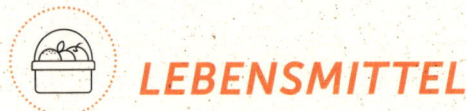 # LEBENSMITTEL

Bei den Lebensmitteln fangen wir mit den wichtigsten Grundlagen an und arbeiten uns Schritt für Schritt durch. Auch hier scheint es anfangs fast unmöglich zu sein, Plastik einzusparen. Doch in diesem Bereich ist es so wie bei allem: Wenn du weißt, wie es geht, ist es ganz einfach. Deswegen bin ich die ganze Zeit an deiner Seite und unterstütze dich bei deinen Vorhaben mit zahlreichen Tipps und Ideen. Im ersten Schritt geht es hauptsächlich darum, Vorhandenes aufzubrauchen, die ersten plastikfreien Einkäufe umzusetzen und die Gegenstände auszutauschen, die deine Gesundheit gefährden können.

Lebensmittel werden nicht nur in der Gastronomie und in Supermärkten, sondern auch zu Hause viel zu oft verschwendet. Entweder weil man nicht alles Gekochte aufisst oder weil man das, was man hat, vor lauter Überschuss nicht mehr sieht und vergisst – frei nach dem Motto »aus den Augen, aus dem Sinn«. Es verschwindet in der hintersten Ecke unserer riesigen Kühlschränke und gammelt langsam vor sich hin – bis wir es wegwerfen. Das ist nicht nur eine wahnsinnige Lebensmittelverschwendung, sondern produziert natürlich auch viel unnötigen Verpackungsmüll. Bevor du also losgehst und ganz viele Lebensmittel unverpackt einkaufst: Verbrauche erst einmal deine Vorräte. Ich weiß, am Anfang ist die Motivation hoch, gleich alles plastikfrei einzukaufen, doch wir wollen das Ganze ja nachhaltig gestalten.

Von großer Bedeutung ist auch, dass du auf deine Gesundheit achtest. Dafür ist es wesentlich zu wissen, welche Plastikprodukte dir auf welche Weise schaden können. Dann kannst du diese gezielt vermeiden. Natürlich hat alles aus Plastik giftige Zusatzstoffe und ist daher bedenklich, jedoch gibt es Unterschiede. Bei manchen Dingen können die Stoffe leichter in unseren Organismus gelangen, und da müssen wir besonders aufpassen:

- **Plastikflaschen:** Mittlerweile findet man überall im Wasser Plastikpartikel, jedoch enthält Wasser in Plastikflaschen bis zu ein Vielfaches an Mikroplastik, das wir mit jedem Schluck in unseren Körper aufnehmen. Auch Getränkekartons sind innen mit Plastik beschichtet und weisen die gleiche Problematik auf. Denn von der Plastikverpackung können sich immer wieder Plastikstückchen lösen. Das ergab erst 2018 eine Studie von Münsteraner Forschern.

- **Plastikschalen:** Es sollten auf keinen Fall Lebensmittel in Plastik erhitzt werden, denn durch die Hitze entsteht mehr Energie und die Moleküle fangen an, sich zu bewegen, und können in dein Essen wandern. Das heißt, man isst mit seinem Essen Plastikteilchen und Schadstoffe mit. Das gilt für Einwegprodukte sowie für wiederverwendbares Plastikgeschirr.

- **Lebensmittelverpackungen:** Hier können auch durch mechanischen Abrieb und durch Hitze Weichmacher und Schadstoffe in die Lebensmittel gelangen. Vor allem bei fetthaltigen Produkten wie ölhaltigen Fertiggerichten oder Gewürzsoßen waren die Messwerte sehr hoch.

AUFBRAUCHEN UND AUFESSEN

Bevor du plastikfreie Lebensmittel einkaufst, heißt es, die vorhandenen Vorräte aufzubrauchen, damit nichts schlecht wird.

Unglaubliche 81,6 Kilo Lebensmittelmüll wirft der Bürger durchschnittlich im Jahr weg. Das muss nicht sein, oder? Durch eine bessere Planung und eine gute Übersicht über die Vorräte und Einkäufe lässt sich das vermeiden. Dazu gehört zum einen der Überblick über die frischen Lebensmittel, aber zum anderen auch

Frisches Obst und Gemüse kaufe ich am liebsten auf dem Markt.

der über die trockenen. Räume deinen ganzen Vorratsschrank aus und fertige eine Liste mit all deinen Lebensmitteln an. So bekommst du einen besseren Überblick und vergisst nichts in den versteckten Ecken. Wenn du damit fertig bist, kannst du am besten im Internet nach Rezeptanregungen suchen, die du mit den Lebensmitteln aus dem Vorratsschrank zubereiten kannst, sodass du nur noch frisches Obst und Gemüse hinzukaufen musst.

Hinweis: Wie wäre es, wenn du in Zukunft versuchst, einfachere Rezepte zu kochen? Sie müssen nicht langweilig sein, aber sind wir mal ehrlich: Wir brauchen meistens nicht zehn verschiedene Zutaten, wo jeweils nur ein Teelöffel gebraucht wird. So wird der Vorratsschrank nur unübersichtlich und chaotisch – und zu viele Lebensmittel werden schlecht.

EINKAUFEN

Stell dir vor, dein Kassenzettel ist jedes Mal ein Stimmzettel und ab jetzt stimmst du immer gegen Plastikverpackungen.

Im Durchschnitt produziert jeder Mensch in Deutschland 220,5 Kilo Verpackungsmüll im Jahr. (Zum Vergleich: Der Durchschnittswert für Europa liegt »nur« bei 167,3 Kilogramm.) Für alle zusammen ergibt das eine unglaubliche Menge von mehr als 18 Millionen Tonnen! Wenn man sich beim Einkaufen umstellt und ein paar Dinge beachtet, können wir enorm viel bewegen. Plastikfrei einzukaufen scheint am Anfang eine große Herausforderung zu sein. Ich zeige dir daher, wo du am besten einkaufen kannst und was du dafür brauchst. In vielen Lebensmittelketten sagen die Mitarbeiter meistens »Nein«, weil sie Angst davor haben, gegen die strengen Hygienevorschriften zu verstoßen.

Es kann vorteilhaft sein, zunächst eher in kleinere oder inhabergeführte Läden zu gehen. Hier ist die Toleranz viel höher und Extrawünsche werden gerne ausgeführt. Auch regionale Lebensmittel sparen viel Verpackungsmaterial, denn generell gilt: weniger Weg = weniger Verpackung. Auf jedem Transportweg fallen Verpackungen an und je länger der Transport dauert, desto mehr wird die Ware geschützt und damit besser verpackt. Wenn du regional einkaufst, haben die Lebensmittel nur einen kurzen Transportweg und kommen mit wenig Verpackung aus.

Hier kannst du Unverpacktes einkaufen:

- **Unverpackt-Laden:** Bei dir in der Nähe gibt es einen Unverpackt-Laden? Klasse, denn hier kannst du wirklich alles unverpackt und plastikfrei in deine mitgebrachten Gefäße füllen. Besser geht's nicht!

- **Bäcker:** Beim Bäcker bekommst du ganz leicht alles ohne Verpackung, indem du deine eigenen Stoffbeutel mitnimmst und die Verkäufer bei der Bestellung darauf hinweist, dass du die Produkte in deinen Beutel bekommen möchtest. Wollen die Verkäufer deinen Beutel nicht befüllen, dann bitte sie doch darum, dir das Gebäck über die Theke zu reichen. Dort kannst du es selbst in deine Beutel legen. Diesen Trick kannst du auch für alle anderen Geschäfte mit (Frische-)Theke anwenden.

- **Gemüsehändler, Metzger, Feinkostläden:** In kleinen Fachgeschäften oder in inhabergeführten Geschäften ist es immer leichter, die Einkäufe in die eigenen Behälter verpackt zu bekommen. So findest du in den türkischen und griechischen oder den Asia-Läden eine Menge Waren wie zum Beispiel Antipasti oder Schafskäse unverpackt. Große Supermarktketten haben viele Vorschriften, die sie einhalten müssen, und sind nicht ganz so flexibel. Aber probiere es ruhig aus – je mehr Leute fragen, desto höher wird bei Inhabern der Läden der Druck, etwas zu verändern.

- **Kaffee- und Teeläden:** Kaffee- und Teeläden haben meistens sowohl verpackte als auch unverpackte Waren. Wenn du nett fragst, bekommst hier deinen Tee oder Kaffee in deine mitgebrachte Box gepackt.

- **Restaurant:** Du weißt, dass dein Lieblingsitaliener die Nudeln selbst macht? Toll, dann frag ihn doch, ob er dir welche verkauft. Viele Restaurants haben auch eigenes Öl, das sie in Fässern lagern und das sie dir in der Regel gerne in dein Einwegglas füllen. Außerdem gibt es in den größeren Städten inzwischen viele auf Essig und Öl spezialisierte Läden.

- **Bauernhöfe, Getreidemühlen:** Bauernhöfe sind super, denn dort bekommt man die Produkte direkt vom Erzeuger und in der Regel ohne Verpackung. Beim Getreide muss man manchmal einen etwas größeren Sack abnehmen. In solchen Fällen bietet es sich an, sich mit Freunden zu Einkaufsgemeinschaften zusammenzuschließen.

- **Wochenmarkt:** Auf Märkten bekommt man so gut wie alles unverpackt und die Verkäufer packen es dir gerne in deine eigenen Behälter. Weißt du, wo und wann in der Nähe ein Markt ist? Erkundige dich doch, wo und wann es in deinem Stadtteil einen gibt.

- **Bioladen:** Immer mehr Bioläden fangen jetzt an, kleine Reihen von Unverpackt-Regalen aufzubauen, und man bekommt dort zudem viel unverpacktes Gemüse.

Übrigens: Auf einer Unverpackt-Liste in meinem Blog findest du alle Unverpackt-Läden aus Deutschland, Österreich und der Schweiz.

Einkaufstüten

Bei jedem Einkauf nimmst du ab jetzt eine Tasche, einen Korb oder Rucksack mit. Für spontane Einkäufe ist es am besten, kleine gefaltete Jutebeutel in den verschiedensten Jacken und Taschen unterzubringen und einen ins Auto und in den Fahrradkorb zu legen. Sie nehmen kaum Platz weg und sind leicht.

Seitdem man in den meisten Läden etwas für die Einkaufstüten zahlen muss, ist die Menge schon deutlich zurückgegangen, aber immer noch viel zu hoch. Wenn du deine eigene Tasche mitbringst, kannst du auf Dauer eine enorme Menge an Tüten einsparen.

AUFBEWAHREN

Zum plastikfreien Aufbewahren kannst du die verschiedensten Behälter verwenden. Ich verwende gerne:

- **Stoffbeutel:** In Stoffbeuteln lagere ich oft Kartoffeln oder Äpfel im Schrank.

- **Edelstahlboxen:** Die Edelstahlboxen verwende ich häufig, um Essensreste im Kühlschrank für den nächsten Tag aufzubewahren.

- **Einweckglas:** In meinen Einweckgläsern habe ich so gut wie alle meine trockenen Lebensmittel gelagert. Die Gläser stehen schön nebeneinander in einem Wandregal, damit ich immer sofort sehe, was ich noch alles habe.

- **Birkenrindenbox:** Sie verhindert, dass das Brot hart wird oder schnell schimmelt und lässt es trotzdem atmen.

Eiswürfel

Für Eiswürfel gibt es entweder Einweg-Eiswürfel-Plastiktüten oder eine wieder-verwendbare Plastikform. Du kannst beides noch benutzen, bis die Tüten aufge-braucht sind oder die Form kaputt ist. Danach kannst du eine Edelstahlform verwenden, die ist wahnsinnig robust und hält ewig.

EINFRIEREN

Zum Einfrieren werden viele Dosen und Gefrierbeutel aus Plastik angeboten, dabei benötigst du dafür gar kein Plastik, denn es geht auch ganz leicht plastikfrei:

- **Einfrieren im Glas und in Edelstahlboxen:** Fürs Einfrieren kannst du einfach Einweckgläser verwenden. Damit die Gläser nicht platzen, solltest du sie vor allem bei Flüssigem nur zu drei Vierteln befüllen. So kann sich beispielsweise die Soße noch ausdehnen. Auf der sicheren Seite bist du, wenn du das gefüllte Glas zuerst ohne Deckel ins Gefrierfach stellst und es erst dann zuschraubst, wenn alles gefroren ist.

- **Einfrieren im Beutel:** Baum-wollbeutel eignen sich vor allem, um Brot, Kuchen oder Gemüse darin einzufrieren. Wickle das Brot gut in den Beutel ein und verschließe ihn, dann kannst du auch schon dein Brot ins Gefrierfach legen.

Für Eiswürfel benutze ich am liebsten eine Edelstahlform.

SCHNEIDEBRETT, KOCHLÖFFEL & CO.

Als Ersatz für Plastik solltest du bei Kochutensilien nach Materialien wie Holz, Edelstahl, Keramik und so weiter Ausschau halten.

Von einigen Plastikdingen solltest du dich eher früher als später trennen. Dazu gehören zum Beispiel die, mit denen du dein Essen zubereitest – und dabei vor allem die Kochutensilien, die mit warmem und heißem Essen in Kontakt kommen. Dabei können immer wieder Stoffe in dein Essen übergehen, die deiner Gesundheit schaden. Es können aber auch kleine Plastikteile in dein Essen wandern, wie zum Beispiel beim Zerkleinern einer Zwiebel auf dem Schneidebrett. Falls du noch ein Plastikbrett hast, dann schau es dir doch mal genauer an. Da sind sicher viele kleine Rillen und Abschabungen: An diesen Stellen hat sich Plastik gelöst, das mit hoher Wahrscheinlichkeit mit deinen geschnittenen Zwiebeln in die Soße gewandert ist. Nicht so appetitlich, oder? Wenn du deine Plastikbretter gegen nachhaltige Varianten aus Holz ausgetauscht hast, geht es mit Kochlöffeln, Küchenschabern und ähnlichen Dingen weiter, die ebenfalls mit warmen Lebensmitteln in Berührung kommen.

LEITUNGS- STATT MINERALWASSER

In Deutschland werden pro Stunde unglaubliche 1,8 Millionen Plastikflaschen verbraucht. Die Wasserflaschen kannst du ganz einfach vermeiden, indem du nur noch Leitungswasser trinkst. Wir haben ja das Glück, dass unser Leitungswasser eine hohe Qualität hat. Zum einen schmeckt es super und zum anderen enthält es keine Schadstoffe, weil es ständig kontrolliert wird. Ganz anders sieht es leider bei abgefülltem Wasser in Plastikflaschen aus. Bei der Lagerung können sich Mikroplastik und Weichmacher im Wasser ablagern. Deswegen solltest du stattdessen Leitungswasser trinken. So musst du keine Flaschen schleppen, sparst Geld und Plastik.

Wer manchmal einfach Lust auf Sprudelwasser hat, kann sich einen Sprudler zulegen und damit ganz nach Geschmack mehr oder weniger Gas ins Wasser pumpen. Hast du kein sauberes Wasser bei dir zu Hause, kannst du dir einen Filter einbauen lassen, der kostet dich einmal Geld, aber spart wiederum langfristig Kosten. Du kannst einfach auf fünf Jahre hochrechnen, wie viel du für abgefülltes Wasser ausgibst – zum Teil ist es das 300- bis 500-Fache! Also hast du den Preis für den Filter schnell wieder wettgemacht.

Und wenn du wirklich nicht auf abgefülltes Wasser verzichten kannst oder willst, dann setze doch zumindest auf Mehrwegflaschen aus Glas.

Kalk oder Blei? Kein Problem!

Wegen Kalk im Wasser musst du dir keine Sorgen machen. Kalk ist zwar schlecht für unsere Maschinen, aber für unseren Körper überhaupt nicht. Wir können nicht verkalken.

Auch Bleirohre sollten bei uns normalerweise nicht mehr verbaut sein. Sie wurden in den modernen Häusern nach 1973 nicht mehr verwendet und sind auch seit 2013 nicht mehr zulässig. Wenn du dir nicht sicher bist, frag am besten bei deinem Vermieter nach.

MIT FRISCHEN ZUTATEN KOCHEN

Zum plastikfreien Leben gehört fast ganz automatisch, dass man vieles selber kocht. Man kann von Instantprodukten, bei denen man nur heißes Wasser hinzugeben und drei Minuten warten muss, wirklich nicht erwarten, dass sie gesund und plastikfrei verpackt sind. Und wie ich schon erwähnt habe, wird Kunststoff ja gerade gesundheitsschädlich, wenn er mit heißen Lebensmitteln in Berührung kommt. Genau wie ich willst du sicher nicht, dass dabei ganz viele Plastikpartikel und Weichmacher gelöst werden.

Es ist sowohl gesünder als auch verpackungssparender, wenn du ab jetzt selbst mit frischen Zutaten kochst. Du wirst sehen: Es macht Spaß und dauert nicht lange, es ist lecker und spart meistens auch noch Geld. Das hat zusätzlich noch einen großen Vorteil: Frische und unverarbeitete Lebensmittel bekommt man viel leichter unverpackt und plastikfrei als Fertiggerichte!

Der Trick ist, sich zunächst an einfache Gerichte mit wenigen Zutaten heranzutasten. Dann musst du auch nicht nach so vielen plastikfreien Zutaten suchen. Manches gibt es auch einfach nicht plastikfrei und anstatt in diese Suche ewig viel Zeit zu investieren, kannst du es dir leichter machen und nur die Dinge verwenden, die gut erhältlich sind.

Ich gehe zum Beispiel auch ganz oft, wenn ich mal nicht so viel Zeit habe, in

Ob Nudeln, Mehl oder Zucker: Ich kaufe Grundnahrungsmittel im Unverpackt-Laden.

den Supermarkt nebenan, schaue einfach, was ich dort Plastikfreies finde, und überlege mir dann, was ich daraus zaubern kann. Grundnahrungsmittel wie Getreide, Nudeln und so weiter habe ich immer in einem kleinen Vorrat daheim, der einmal im Monat aufgefüllt wird. So muss ich meistens nur noch frische Zutaten für meine Gerichte dazukaufen.

Manchmal ist selber machen auch viel schneller. Im Sommer wollte ich zum Beispiel Cracker auf ein Festival mitnehmen und hatte erstens gar keine Ahnung, woher ich die ohne Plastikverpackung bekomme, und zweitens nicht so viel Zeit, um verschiedene Geschäfte abzuklappern. Also habe ich einfach mal ein Cracker-Grundrezept gesucht und zusätzlich Gewürze und Kürbiskerne, die ich daheim hatte, dazugemischt. Vom Suchen bis zum fertigen Cracker hat alles nur 30 Minuten gedauert – so schnell wäre ich nicht einmal beim Laden an der Ecke gewesen.

FRISCHHALTEFOLIE

Frischhaltefolie kannst du ganz leicht durch ein wiederverwendbares Bienenwachstuch ersetzen. Bienenwachstücher sind Baumwolltücher, die mit Bienenwachs überzogen wurden (mittlerweile gibt es auch vegane Varianten). Du kannst sie wie Frischhaltefolie verwenden und mit ihnen Schüsseln und Töpfe abdecken oder Essen einpacken. Durch das Tuch wird alles frisch gehalten. Mit der Wärme deiner Hand kannst du es in die gewünschte Form bringen. Nach dem Gebrauch wischst du es einfach mit einem Lappen ab. Das Tolle an Bienenwachs ist, dass es wie Holz antiseptisch wirkt und sich hier keine Keime vermehren können. Je nachdem, wie oft man es verwendet und wie man mit dem Tuch umgeht, kann man es bis zu anderthalb Jahre wiederverwenden.

Wenn du noch kein Bienenwachstuch hast, reicht ein Teller auf einer Schüssel.

DIY: *Bienenwachstuch*

Um ein Bienenwachstuch selbst zu machen, brauchst du:

Bienenwachs (am Stück oder in Plättchen), Baumwollstoff (Tuch, löchriges T-Shirt und so weiter, natürlich vorher gut gewaschen), Butterbrotpapier/ Naturbackpapier, evtl. ein Messer oder eine Reibe zum Zerkleinern des Wachses, ein ein Bügeleisen und -brett

1. Lege erst das Papier auf das Bügelbrett und dann darauf das Baumwoll- tuch. Das Butterbrot- oder Backpapier sollte an jeder Kante mindestens 10 cm größer sein, damit das Bügelbrett gut geschützt ist.

2. Wenn du keine kleinen Bienenwachsstückchen hast, dann reibe oder schneide das große Wachsstück in kleine Stückchen und verteile sie gut auf dem Tuch.

3. Lege ein zweites Blatt Butterbrot- oder Backpapier auf das Tuch mit dem Bienenwachs und bügle vorsichtig das Wachs in das Tuch hinein.

4. Jetzt musst du das Bienenwachstuch nur noch aufhängen und etwas abkühlen lassen.

Mit bunten Tüchern sieht es besonders schön aus. Das Tuch wird flexibler, wenn du zum Bienenwachs ein paar Tropfen Jojobaöl hinzufügst.

Nie wieder Frischhalte-folie: Diese Bienenwachs-tücher sind total praktisch.

 ## BAD

Im Bad ist es fast ein bisschen so wie im Vorratsschrank: Da stehen eine Menge Produkte, aber selten wird eins bis zum Schluss aufgebraucht. Ich weiß noch, dass ich öfter in Drogerien war und mir etwas Kleines gönnen wollte, weil ich mich an manchen Tagen einfach nicht wohl in meiner Haut fühlte. Da kam es vor, dass mir ein kleines Plakat zeigte, welche tolle Wimpern ich mit der neuen Wimperntusche bekommen kann – und schon war sie in meinen Einkaufskorb gewandert. Die alte, noch halb volle Wimperntusche lag dann nur noch in meiner Kosmetiktasche, wurde nicht mehr benutzt und ist langsam vertrocknet. Oder die unzähligen Duschprodukte, die sich am Badewannenrand sammelten. Ich habe mich jedes Mal geärgert, wenn alle wieder umgefallen sind, aber trotzdem habe ich immer neue Packungen aufgemacht, obwohl die alten noch gar nicht ganz aufgebraucht waren. Das kennst du auch, oder?

Eigentlich nerven die ganzen Produkte zu Hause, weil man sie ständig hin und her räumen muss und man schnell den Überblick verliert. Deswegen heißt es auch in dieser Rubrik: Wir fangen mit einer genauen Bestandsaufnahme an, sortieren alles und verbrauchen das Vorhandene. Danach zeige ich dir, wo und wie du gute Produkte für dein plastikfreies Bad bekommst.

Besonders in der Kosmetikbereich kannst du die meisten Produkte, die normalerweise flüssig in Tuben verpackt sind, für einen plastikfreien Alltag durch feste Produkte ersetzen. Diese haben den Vorteil, dass du sie leicht unverpackt oder mit wenig Verpackung kaufen kannst und sie kein Wasser beinhalten. Das bedeutet: Sie haben weniger Volumen und weniger Gewicht, dadurch wird beim Transport eine Menge CO_2 vermieden. Die festen Produkte kosten etwas mehr pro Stück. Allerdings sind sie viel ergiebiger, weil eben kein Wasser als Füllstoff enthalten ist.

Bei mir hält zum Beispiel eine feste Seife so lange wie vier Packungen Duschgel. Stell dir einfach mal vor, wie viele Plastikverpackungen du sparst, wenn du ab sofort nur noch plastikfreie Pflegeprodukte benutzt. Dann fällt dir die Umstellung sicher leichter.

AUFBRAUCHEN

Bevor neue plastikfreie Kosmetikartikel in deinem Badezimmer Einzug halten, sollten alle anderen Produkte aufgebraucht sein. Packe dafür alle Produkte aus deinem Bad in einen Schrank oder eine Kiste und nimm eine Woche lang nur die Produkte heraus, die du benutzen willst. Am Ende der Woche hast du wahrscheinlich vieles unangetastet in der Kiste liegen und nur einen kleinen Teil die Woche über wirklich benutzt. Habe ich recht? Du kannst dich im Grunde von all den Dingen trennen, die noch im Schrank oder in der Kiste sind. Sie würden wahrscheinlich nur im Bad herumstehen, verstauben, alt werden, eintrocknen … Benutze alle übrig gebliebenen Produkte, bevor du neue kaufst, oder verschenke sie an Freunde oder spende sie Bedürftigen.

Übrigens: Schau in der App www.codecheck.info nach, ob deine Kosmetik Mikroplastik enthält. Diese Produkte sollten sofort in den Restmüll entsorgt werden.

TOILETTENPAPIER

Kaufe ab jetzt dein Toilettenpapier in einem Karton, in feines Papier gewickelt oder ganz unverpackt. Unverpacktes Toilettenpapier gibt es in jedem Unverpackt-Laden oder in plastikfreien/Zero-waste-Onlineshops. Achte auf die Anzahl der

Blätter und nicht nur auf den Preis pro Rolle. Viele der unverpackten Toilettenpapiere haben einen höheren Preis pro Rolle, aber eben auch mehr Blatt.

Wenn du eher den Zero-waste-Ansatz gehen möchtest, dann gibt es sogenannte Po-Duschen, mit denen man sich nach dem Toilettengang mit Wasser säubert. Das sind kleine, handliche Duschen, die die größere Anschaffung eines Bidets ersetzen. Außerdem gibt es inzwischen auch Toilettendeckel mit Bidetfunktion.

ZAHNBÜRSTE

Wenn es Zeit ist, deine Zahnbürste zu erneuern, dann ersetze sie durch eine Bambuszahnbürste. Meist haben die Bambuszahnbürsten trotzdem Nylonborsten, sind also nicht zu 100 Prozent plastikfrei. Das liegt daran, dass sich in der Struktur von Naturborsten Hohlräume befinden, sodass sich dort Bakterien festsetzen können, die dort eine schöne, neue Brutstelle finden. Daher setzen die Hersteller lieber auf Kariesbekämpfung mit Nylonborsten. Ich benutze gerne die zu 100 Prozent biobasierten Zahnbürsten von HYDROPHIL, die Borsten auf Rizinusölbasis haben. Außerdem haben sie eine schöne glatte Oberfläche, liegen gut in der Hand und es gibt für die verschiedenen Familienmitglieder verschiedene Farben.

Wer offen für eine neue Art von Zähneputzen ist, kann auch mal die Swak ausprobieren. Hier schrubbt man nicht über die Zähne drüber, sondern reinigt Zahn pro Zahn mit dem kleineren runden Bürstenkopf. Der Vorteil an der Zahnbürste ist, dass man immer nur den kleinen Kopf austauschen muss und nicht den ganzen Stiel. Oder du versuchst die ganz traditionelle Variante und putzt dir die Zähne mit einem Miswak-Zweig? Beim Miswak-Zweig entfernt man an der Spitze die Rinde, sodass durch die freigelegten Fasern eine Art Pinsel entsteht. Mit dem Pinsel reinigst du dann Zahn für Zahn.

Deine nächste Zahnbürste ist plastikfrei! Es gibt sie zum Beispiel von HYDROPHIL.

DIY: Kräuter kennzeichnen

Was du brauchst: eine alte Zahnbürste, einen Stift oder ein Messer

1. Zupfe alle Borsten aus und entsorge sie mit dem Restmüll.

2. Schreibe oder ritze den Namen der Kräuter ein.

3. Den Stiel in die Erde stecken und fertig.

DIY: Zahnpulver

Was du brauchst: 2 EL Schlämmkreide oder Tonerde, 1 TL Natron,
1 TL Birkenzucker, nach Bedarf ätherisches Öl

1. Grobkörnige Zutaten mit dem Mörser fein mahlen, alle Pulver in eine
   Schüssel geben und gut vermischen.

2. Etwa 8 Tropfen ätherisches Öl (zum Beispiel Pfefferminzöl) zugeben.

Einfach ein bisschen Pulver auf die angefeuchtete Zahnbürste geben.

Zahnpulver ist schnell gemacht – du brauchst dafür nur 3–4 Zutaten.

ZAHNPASTA

Plastiktuben mit Zahnpasta (die oft Mikroplastik als Schleifmittel enthält) ersetzt du ab jetzt durch Zahnputztabletten, feste Zahnpasta oder Zahnputzpulver. Von den Tabletten nimmst du einfach eine vor dem Putzen in den Mund, zerbeißt sie und fängst an zu putzen. Sie lösen sich ganz schnell im Mund auf. Nicht wundern: Es schäumt nicht so stark wie bei der herkömmlichen Variante aus der Plastiktube, ist aber genauso effektiv.

SHAMPOO

Statt flüssiges Shampoo verwende eine feste Haarseife oder ein festes Shampoo:

- Eine Haarseife ist eine gesottene Seife. Sie schäumt nicht und man kann sie gut auf der Kopfhaut verteilen. Wichtig ist: Da sich bei einem hohen Kalkanteil im Leitungswasser eine »Kalkseife« bilden kann, ist es vorteilhaft, nach dem Auswaschen der Seife die Haare zusätzlich mit einer sauren Rinse zu spülen. Sonst können Rückstände in den Haaren bleiben – und das wollen wir natürlich verhindern.

DIY: Saure Rinse

Mit einer sauren Rinse lässt sich der pH-Wert der Haare ausgleichen, nachdem du eine Haarseife verwendest hast. Vor allem soll sich die Schuppenschicht wieder gut an die Haare anlegen. Außerdem löst du damit die Seifenreste. Die Rinse ist übrigens auch eine tolle Spülung.
Was du brauchst: 2 EL Apfelessig, 1 l Wasser

1. Gib Apfelessig und Wasser in eine Schüssel und mische alles gut.

2. Nach dem Haarewaschen gibst du die saure Rinse aufs Haar. Du musst sie danach nicht ausspülen, der Essiggeruch verfliegt beim Trocknen.

● Festes Shampoo ist ein ganz normales Shampoo – nur eben in fester Form.
Es enthält im Gegensatz zu der Haarseife keine Natronlauge, sondern Tenside.
Dadurch schäumt es wie flüssiges Shampoo auf und ist leicht zu verteilen.
Man benötigt keine saure Rinse.

Ich habe mit Haarseife und festem Shampoo gute Erfahrungen gemacht. Die Haarseife ist schonender für die Kopfhaut und dadurch fettet die Kopfhaut weniger. Viele Shampoos trocknen die Kopfhaut aus und der Körper versucht dann, dem durch eine höhere Talgproduktion entgegenzuwirken. Bei beiden Varianten gibt es auch verschiedene Sorten – ob für glänzendes, empfindliches oder anderes Haar: Es ist für jeden etwas dabei.
Falls dein Haar einmal etwas mehr Pflege braucht, kannst du einen festen Conditioner probieren.

Durch eine saure Rinse wird dein Haar schön weich und lässt sich besser kämmen.

Tolle plastikfreie Alternativen: Ein Kupfertopfreiniger und ein Seifenigel aus Kokosfasern.

DUSCHGEL & HANDSEIFE

Statt flüssige Produkte zu verwenden, nutze nur feste Seifen. Es gibt zum Glück zahlreiche Alternativen zu Duschgel aus der Plastikpackung. Du kannst zum Beispiel eine normale feste Körperseife verwenden. Außerdem gibt es mittlerweile in vielen Läden auch Duschgel in fester Form. Wichtig ist, dass die feste Seife nach dem Duschen gut trocknen kann. Das geht am besten, wenn du sie auf eine Ablage legst, wo sie auch von unten Luft bekommt. Das kann ein Seifenigel aus Kokosfasern sein, ein Luffaschwamm oder ein Holzgitter, wichtig ist einfach nur, dass die Seife auch von unten gut trocknen kann.

Übrigens: Wenn die Seifenstücke kleiner werden, dann packe sie in Seifensäckchen. So kannst du sie wirklich bis ganz zum Schluss aufbrauchen.

HAUSHALT

Das »Downsizing« des Haushalts hilft, Müll zu vermeiden. Das heißt, dass wir von allem etwas weniger haben und den eigenen Haushalt übersichtlicher gestalten. Das hat viele positive Effekte. Wir haben dann immer einen genauen Überblick über das, was wir brauchen. Ich bin ein großer Fan von Downsizing, das Leben ist einfach entrümpelt und man kann sich wieder auf die wesentlichen Dinge konzentrieren. Ich kann mich noch an die Putzschränke vor meiner plastikfreien Zeit erinnern, die voll mit allen möglichen Fläschchen in den schrillsten Farben für alle möglichen Fleckenarten waren. Nie habe ich das gefunden, was ich gesucht habe, weil einfach zu viel herumstand. Heute ist das bei mir zum Glück ganz anders! Mein Putzfach ist nicht mehr vollgepackt, sondern sehr übersichtlich und es stehen vier oder fünf Produkte darin, mit denen ich meine ganze Wohnung putzen kann. Das spart nicht nur Platz und Nerven, sondern auch eine Menge Geld. Wenn du auf plastikfreie Alternativen setzt, kommt das Downsizing ganz automatisch. Man setzt wieder auf ein paar hochwertige Produkte anstatt auf die Quantität vieler günstiger Produkte.

PUTZSCHWÄMME

Herkömmliche Spülschwämme bestehen aus Plastik, sind in Plastikfolie verpackt und geben bei jedem Auswringen Mikroplastikpartikel in unser Abwasser ab, die nicht mehr herausgefiltert werden können. Die bessere Alternative dazu sind Luffaschwämme oder Ökoschwammtücher aus Baumwolle und Zellulose. Damit du beide länger verwenden kannst, wäschst du sie bei starker Verschmutzung in der Waschmaschine.

PUTZBÜRSTE

Plastikfreie Putzbürsten gibt es aus Holz und Naturfasern. Bei einigen muss man nicht die ganze Bürste austauschen, sondern kann einfach nur den Bürstenkopf auswechseln.

PUTZMITTEL

Backofenreiniger, Schimmelentferner, Fettlöser – für jeden Zweck eine Plastikflaschen voller Chemie, die ins Abwasser gelangt! Die gängigsten Reiniger kannst du selbst herstellen. Zur Grundausstattung dafür gehört Folgendes:

- Natron,
- Soda,
- Essig,
- Zitronensäure (Drogerie),
- Olivenseife/Kernseife,
- reiner Alkohol (Apotheke).

Der Unterschied zwischen Natron und Soda

Beides sind zwar verwandte Stoffe, aber Natron (Natriumhydrogencarbonat) enthält ein Wasserstoffatom und Soda (Natriumcarbonat) ein weiteres Natriumatom. Beides wird oft verwechselt, weil es für sie mehrere Bezeichnungen gibt. Natron heißt auch Backsoda, Speisesoda oder Speisenatron. Soda heißt auch reines Soda oder Waschsoda. Beides findest du in Drogerie- und Supermärkten in Papier verpackt.

DIY: *Verschiedene Reinigungsmittel*

Spülmittel

Was du brauchst: 1 EL Soda, 1 EL Natron und 500 ml Wasser

1. Soda und Natron zusammen in eine Glasflasche geben.

2. Die Flasche mit dem Wasser auffüllen und gut schütteln. Bei sehr
   fettigem Geschirr hilft noch eine Extraportion Natron.

Waschpulver

Was du brauchst: 250 g Waschsoda, 250 g Natron, 200 g Olivenseife,
nach Belieben ätherisches Öl

1. Rasple deine Olivenseife klein.

2. Mische Waschsoda und Natron mit der Olivenseife.

3. Gib etwa 2 EL Waschpulver pro Ladung in die Waschmaschine.
   Bitte keine Wolle und Seide mit dem Mittel waschen.

Mit Natron und Soda kannst du zahlreiche Reinigungs- mittel selbst herstellen.

Allzweckreiniger

Was du brauchst: 2 EL Essigessenz, 500 ml Wasser

1. Vermische beide Zutaten gut.

2. Bei Bedarf 2 bis 3 Tropfen ätherisches Öl hineingeben.

Toilettenreiniger

Was du brauchst: 1 ½ Tassen Natron, ½ Tasse Zitronensäurepulver,
1 TL Wasser

1. Vermische Natron und Zitronensäure gut in einer Schüssel.

2. Gib nun das Wasser hinzu sowie nach Wunsch ein paar Tropfen ätherisches Öl deiner Wahl, vermische alles gut.

3. Bereite ein Backblech mit Papier vor.

4. 1 EL der Masse zügig zu einer Kugel formen oder in eine Eiswürfelform
   geben. Bitte entweder Handschuhe (zum Beispiel aus Naturkautschuk)
   tragen oder den direkten Hautkontakt vermeiden.

5. Lass die Kugeln einen Tag auf dem Blech trocknen.

 ## UNTERWEGS

Wenn ich mein Zuhause und somit meine geschützte »plasticfree bubble« verlasse und mich in den Trubel stürze, dann scheine ich jedes Mal wieder ganz am Anfang meines plastikfreien Lebens zu stehen. Zu Hause habe ich alle meine Produkte, finde die plastikfreie Umgebung ganz selbstverständlich und vergesse hin und wieder, was da »draußen« wirklich los ist.

Unterwegs kommen wir wahnsinnig oft mit potenziellen Plastikquellen in Berührung. Wie ich schon bei den fünf R unter dem Punkt Refuse erwähnt habe (Seite 27), gibt es den direkten und indirekten Konsum. Mit beidem sind wir, wenn wir unsere Wohnung verlassen, konfrontiert.

Deswegen ist es wichtig, dass du von Anfang an aufmerksam bist, auf all diese Müllquellen achtest und dich entsprechend vorbereitest. Das klingt jetzt vielleicht so, als müsste man 50 000 Dinge mitnehmen, um während eines normalen Tages Plastik vermeiden zu können. So ist das aber gar nicht! Im Gegenteil: Es reicht vollkommen, wenn du dein Verhalten in ein paar Punkten änderst und wenn du ein bis zwei plastikfreie Produkte bei dir hast, die dir dabei helfen, noch mehr Plastik einzusparen.

Ich werde dir zum Thema Unterwegs natürlich mehr als ein bis zwei Dinge vorstellen. Das heißt aber auf keinen Fall, dass du alle brauchst, geschweige denn immer mitnehmen musst. Jeder Tag ist anders und jeder Mensch hat seine individuellen Vorlieben, deswegen musst du einfach ausprobieren, was für dich am besten funktioniert.

Mit der richtigen Vorbereitung klappt der plastikfreie
Alltag auch unterwegs gut.

BROTZEITBOX AUS EDELSTAHL

In einer Brotzeitbox kannst du deine Brotzeit mitnehmen, um unterwegs To-go-Verpackungen zu vermeiden. Du kannst aber mit deiner leeren Box auch zu einem Imbissstand gehen und nett darum bitten, dass sie deine Portion dort hineinfüllen. Als ich noch in die Schule gegangen bin oder in der Agentur gearbeitet habe, sah mein Tag oft so aus: Ich habe mir morgens eine Brotzeit in der Box mitgenommen und mittags kurz die Box ausgewaschen, damit ich sie dann wiederverwenden und mir ein paar Asia-Nudeln oder Ähnliches holen konnte.

TRINKFLASCHEN

Die Trinkflasche war eines der ersten Dinge, die ich eingeführt habe, und auch das einfachste. Ohne Edelstahlflasche verlasse ich nicht mehr das Haus. Ab jetzt nimmst auch du immer deine Trinkflasche mit. Fülle sie dir immer am Morgen auf und packe sie in deine Tasche. Solche Flaschen gibt es in verschiedenen Größen und aus Materialien wie Glas oder Edelstahl, sodass du für deinen täglichen Bedarf garantiert die richtige findest. Aufpassen solltest du nur bei Aluflaschen, die sind meistens innen mit Plastik beschichtet.

Wenn deine Flasche dir aufgefüllt einmal zu schwer sein sollte, dann gib einfach weniger Wasser hinein. So hast du trotzdem etwas zu trinken dabei und immer die Möglichkeit nachzufüllen. Es gibt sogar Restaurants und Geschäfte, welche Teil des Refill-Projekts sind und immer gerne deine Flasche wieder auffüllen. Für die Reinigung deiner Flasche legst du dir am besten eine Flaschenbürste zu, sie besteht aus einem dünnem Holz- oder Metallstab und Naturborsten, damit kommst du in jede Flasche leicht hinein.

Mit Refill Müll sparen

Das Refill-Projekt entstand 2015 in Bristol und wurde in Deutschland 2017 in Hamburg gestartet: Inhaber von Geschäften und Gastronomiebetrieben, die etwas gegen den Plastikwahnsinn tun wollen, kleben den Refill-Aufkleber an ihre Tür oder ihr Fenster. Er signalisiert dir, dass du hier deine Wasserflasche nachfüllen kannst.

Auf der Refill-Karte im Internet (www.refill-deutschland.de) kannst du sehen, welche Läden dir gerne deine Flasche auffüllen. Natürlich kannst du auch in anderen Läden fragen, die dort noch nicht erfasst sind.

In Cafés mit Refill-Aufkleber an der Tür bekommst du kostenlos frisches Trinkwasser.

Schritt 2

Mehrweg statt Einweg

PLASTIK SPAREN DURCH WIEDERVERWENDEN

Was glaubst du, wie lange wir gängige Einwegprodukte im Durchschnitt benutzen? Die Antwort ist erschreckend: Nur fünf bis zwanzig Minuten. Diese kurzlebigen Artikel machen die Hälfte unseres Plastikmülls aus und sind ein Riesenproblem. Wir haben uns aus reiner Bequemlichkeit zur Wegwerfgesellschaft entwickelt. Wir sind es gewohnt, dass alles immer sofort verfügbar ist, und haben uns an den Komfort gewöhnt, dass wir uns nach dem Gebrauch um nichts mehr kümmern müssen – außer es wegzuwerfen. Was jedoch danach damit passiert, war uns bisher relativ egal – frei nach dem Motto »aus den Augen, aus dem Sinn«.

Leider klappt das nicht mehr so richtig, denn egal, wo wir hingehen, sehen wir die Spuren unseres verschwenderischen Konsumverhaltens. Selbst an den entlegensten Ecken findet man das Material unserer Zeit: Plastik. Wir produzieren und produzieren und haben uns viel zu lange viel zu wenig Gedanken darüber gemacht, wie wir mit den Tonnen von Müll richtig umgehen, sodass wir und unsere Umwelt keinen Schaden daran nehmen. Mittlerweile ist es sogar schon so weit gekommen, dass es riesige Müllstrudel in den Ozeanen gibt und ganze Strandabschnitte mit einer Schicht von Plastikmüll bedeckt sind.

Die ganze Tierwelt leidet an unserem Abfall, besonders die Tiere, die an oder in Gewässern ihren Lebensraum haben. Vögel verhungern mit vollen Plastikmägen, Meeresschildkröten haben Plastikhalme in ihren Nasen und Fische verheddern sich in Geisternetzen. Das sind leider nur einige Folgen unseres Plastikmülls.

Um das zu ändern, zeig ich dir in diesem zweiten Schritt, wie du die großen Dinge aus Einwegplastik (etwa die Verpackungen beim Einkaufen) vermeiden kannst.

Glas oder Plastik?

Die Frage höre ich oft. Sicher warst du auch schon in Situationen, in denen du nicht wusstest, für welche Variante du dich entscheiden musst. Meist wird argumentiert, dass Plastik ja so gut sei, weil es sich wegen seines geringen Gewichts besser transportieren lässt und bei der Herstellung weniger Energie verbraucht als andere Materialien. Doch in diesen »Berechnungen« werden meistens nur Daten und Fakten bis zur Ankunft beim Verbraucher berücksichtigt, aber nicht, was später passiert. Wir müssen nämlich unglaublich viel Zeit, Kosten und Energie einsetzen, um dem Plastikproblem der Welt entgegenzuwirken. Und der gesundheitliche Aspekt bleibt komplett außen vor: Welchen Schaden werden die Giftstoffe und die mikroskopisch kleinen Teilchen aus den Kunststoffen in unseren Körpern langfristig anrichten?

Klar ist natürlich, dass Glas keine Lösung ist, wenn wir es als Einwegprodukt sehen. Einwegprodukte sind immer katastrophal für die Ökobilanz.

Am besten versuchst du, so weit wie möglich auf Mehrweggglas zu setzen. Wenn es ein Produkt wirklich nicht unverpackt gibt und nur im Einwegglas, dann verwende von diesen Gläsern so viele wie möglich wieder.

LEBENSMITTEL

Plastikfrei einkaufen ist im Endeffekt gar nicht so schwer, aber am Anfang bedarf es einiger Umstellungen. Nicht alles wirst du gleich plastikfrei finden, was auf deiner Einkaufsliste steht. Doch du wirst sehen: Nach und nach entwickelst du eine Routine und es fällt dir dann immer leichter, bewusst einzukaufen. Wenn du deine gewohnten Lebensmittel zunächst nicht alle plastikfrei findest, dann nutze doch die Chance und verändere etwas: Wie wäre es, wenn du mit den Zutaten, die du plastikfrei einkaufen kannst, ein paar andere Gerichte ausprobierst? Du wirst sehen, es gibt genug leckere Möglichkeiten.

Wenn du deine Gewohnheiten etwas umstellst, ist das plastikfreie Einkaufen gar nicht schwer.

Das ist auch ein wichtiger Teil des plastikarmen Lebens: Wir stellen Gewohnheiten um und ersetzen zum Beispiel Lebensmittel durch ähnliche Produkte, denn es wird nicht immer einen hundertprozentigen Ersatz geben. Vieles hat sich in den letzten Jahren wirklich positiv entwickelt und es gibt mittlerweile ein großes plastikfreies Angebot – aber eben noch nicht alles.

☞ **Tipp:** *Auf die Theke statt dahinter*

Oft wollen Verkäuferinnen deine eigenen Behältnisse für den Einkauf nicht befüllen, weil sie sie nicht hinter die Theke nehmen dürfen, denn es gibt strenge Hygienevorschriften für den Bereich hinter einer Frischetheke. Dann können sie dir entweder die Lebensmittel über die Theke reichen und du packst sie in deine Box oder du stellst deine Box auf die Theke. Auf der Theke darf alles befüllt werden, aber Fremdgegenstände hinter der Theke sind nicht erlaubt. Sie könnten dort Bakterien einschleusen. Vor oder auf der Theke ist aber alles erlaubt.

Erkläre einfach immer nett, warum du das so machen möchtest – dass du Müll vermeiden willst und deswegen deine eigene Verpackung dabeihast. Die meisten kommen mit dieser Variante des Einkaufens vielleicht zum ersten Mal in Berührung. Deswegen bleib immer schön freundlich und du wirst sehen, wenn du dort öfter einkaufen gehst, weiß das Personal sehr schnell Bescheid.

Abwiegen können die Verkäufer hinter der Theke, etwa auf einem Teller, und dann die abgewogene Ware in deine Box auf der Theke füllen.

Ich habe oft eine Brotzeitbox
aus Edelstahl dabei.
Durch den Klippverschluss
kannst du sie leicht
öffnen – und der Deckel
sitzt immer schön fest.

BROTZEITBOX

Gute Vorbereitung kann viel Plastik einsparen. Dass wir es gewohnt sind, immer alles sofort zu bekommen, verursacht beim Essen unterwegs sehr viel Einwegmüll. Wenn du weißt, dass du länger unterwegs bist und eine Mahlzeit brauchen wirst, bringe dir von daheim etwas in einer Box mit. Aber nicht nur dafür kannst du die Box verwenden, sondern du kannst sie auch als Geschirr am Imbissstand und wie das Einweckglas für deine Lebensmitteleinkäufe verwenden.

Es gibt ganz verschiedene Arten von Brotzeitboxen, sodass du garantiert die passende für dich findest. Es gibt sie mit verschiedenen Aufteilungen innen, mit verschiebbarem Fach, sogar zweistöckige oder welche, die du gleich in den Ofen oder auf den Herd stellen kannst.

EINWECKGLAS

Einweckgläser sind in vielen Situationen praktisch. Da es so viele Möglichkeiten gibt, habe ich sie unterteilt. Den zweiten Teil findest du unter der Rubrik »Unterwegs« auf Seite 121.

Einweckgläser eignen sich toll für Lebensmittel. Sie sehen gut aus, man sieht, was drinnen ist, und sie sind platzsparend. Ich bewahre darin alle trockenen Lebensmittel auf und auch Reste im Kühlschrank. Mit den Gläsern kann man nicht nur gut Lebensmittel lagern, sondern auch gut einkaufen. Trockene Lebensmittel kaufe ich im Stoffbeutel und fülle sie dann zu Hause in Gläser um. Sonst wäre der Einkaufsbeutel zu schwer und sperrig. Aber »nasse« Lebensmittel wie zum Beispiel Oliven oder Käse kaufe ich auch gerne in den Gläsern ein und kann sie dann direkt so in den Kühlschrank stellen. Zum Einfrieren kann man die Gläser übrigens auch gut verwenden. Du solltest dabei nur aufpassen, dass die Füllmenge nicht zu hoch ist, weil sich Gefrorenes ja noch etwas ausdehnt und sonst das Glas platzen würde.

Übrigens: Du brauchst keine neuen Gläser, sondern kannst einfach leere Gurken- oder Marmeladengläser verwenden. So hast du auch verschiedene Größen.

> ☞ **Tipp:** *Sauber muss es sein!*
>
> *Bevor du zum Einkaufen gehst, achte darauf, dass alles, worin du deine Lebensmittel füllen möchtest, außen und innen sauber ist, damit die Verkäuferinnen nicht gleich durch einen Fleck abgeschreckt sind und dir das Einkaufen ohne Verpackung aus Hygienegründen verwehren.*

STOFFBEUTEL

Mit Stoffbeuteln kannst du bei Gebäck, Obst, Gemüse und trockenen Lebensmitteln unnötige Verpackungen wie zum Beispiel Plastik oder Papiertüten vermeiden. Für den Anfang reichen alte Jutebeutel, die du schon hast. Mittlerweile habe ich aber kleine Baumwollbeutel dafür. Von den kleinen Obst- und Gemüsesäckchen gibt es verschiedene Ausführungen. Manche bestehen aus einem dünnen Stoff und andere aus einem feinen Netz – die sind besonders praktisch, weil man gleich sieht, was drin ist. Wenn ich einen Beutel ohne Netzstruktur dabei habe, lege ich ihn einfach geöffnet auf das Kassenband.

Gerade für leichtere Lebensmittel bietet es sich an, einmal den leeren Beutel zu wiegen und das Gewicht einzusticken – so wissen Sie an der Kasse gleich, wie viel Gewicht abzuziehen ist. Bei Kartoffeln und so weiter ist mir das vergleichsweise geringe Gewicht vom Säckchen meistens egal. Bei Läden, die höchstwahrscheinlich keine genaue Waage haben oder man erst später wiegen kann, verwendest du am besten die Stoffbeutel, weil sie kein so hohes Gewicht haben.

Wofür du die Säckchen verwenden kannst:

- **Obst und Gemüse:** Pack dein Obst und Gemüse beim Einkaufen statt in eine Plastik- oder Papiertüte in mitgebrachte kleine Stoffbeutel. Wenn ich einmal nicht genug Stoffbeutel dabeihabe, lege ich das Gemüse und Obst schön nebeneinander auf das Kassenband. So haben es die Kassierer leichter beim Abkassieren.

- **Gebäck und To-go-Snacks:** Wie ich schon auf Seite 54 gesagt habe: Lass dir die Waren vom Bäcker und in ähnlichen Läden in deine Beutel packen.

- **Trockene Lebensmittel:** Für trockene Lebensmittel wie Nudeln eignen sich die Beutel super zum Einkaufen, weil die Einweckgläser oder Boxen zu sperrig oder zu schwer sind.

- **Lagerung:** Wenn dir mal zu Hause alle Einweckgläser ausgegangen sind, dann kannst du darin auch einfach deine trockenen Lebensmittel lagern.

Übrigens: Bei Mangold, Feldsalat und Chicorée kannst du die Stoffbeutel nach dem Einkaufen kurz anfeuchten und darin deine Einkäufe in den Kühlschrank legen – so bleiben sie länger frisch.

 ## DIY: *Beutel aus alten Shirts*

Was du brauchst: ein T-Shirt oder Top, eine Schere

1. Schneide den unteren Rand und den Rand an den Ärmeln weg.

2. Schneide Fransen in das Shirt-Ende.

3. Verknote sie fest in einer Reihe.

4. Dreh das Shirt um und fertig.

BAD

Im Bad haben wir besonders viele Einwegprodukte: Kosmetikpads, Wattestäbchen, Rasierer – viele Dinge nutzen wir nur einmal oder wenige Male, bevor sie in den Müll wandern. Dabei ist es gerade im Bad besonders einfach, Plastik zu vermeiden. Kennst du die paar hilfreichen Produkte und hast dir daheim das Bad plastikfrei eingerichtet, dann sparst du jeden Tag ganz viel Müll. Es lohnt sich also!

ABSCHMINKFLÜSSIGKEIT

Zum Abschminken mische ich Öl (Oliven- oder Arganöl) und Wasser zu gleichen Teilen in einer kleinen Flasche. Ich gebe ein paar Spritzer aufs Gesicht und schminke mich mit einem Stoffpad ab. Keine Angst, davon wird deine Haut nicht fettig. Im Gegenteil: Die Haut wird eher durch zu aggressive chemische Abschminkmittel fettig, denn sie trocknen sie aus und dann versucht die Haut, dies durch erhöhte Nachfettung auszugleichen. Du kannst dir auch ein spezielles Öl mischen, das deine Haut optimal pflegt.

DEO

Für plastikfreies Deo gibt es mittlerweile eine große Auswahl.

- **Deocreme:** Sie wird im Glastiegel verkauft und man streicht sie unter die Achsel. Dabei finde ich gut, dass sie die Haut nach dem Rasieren beruhigt und pflegt. Bei mir hält sie bis zu 24 Stunden. Sie enthält allerdings Fette und Öle und hinterlässt auf heller Kleidung manchmal Flecke.

Viele Marken bieten mittlerweile plastikfreies Make-up an.

- **Festes Deo:** Das feste Deo finde ich aufgrund seiner Größe besonders praktisch für Reisen. Verkauft wird es in einer kleinen Pappschachtel. Einfach kurz nass machen, unter die Achsel streichen und fertig. Bei mir hält diese Deovariante nicht ganz so lange, aber das liegt vielleicht auch einfach daran, dass ich das Auftragen und Verteilen ein bisschen umständlicher finde.

- **Deo-Stick:** Der Deo-Stick ist auch einer meiner Favoriten. Das Deo steckt in einer Papprolle. Du öffnest den Deckel und trägst das Deo auf die Haut auf.

Beim Deo ist es wie beim Shampoo: Teste in Ruhe aus, was am besten für dich ist. So ist es bei den meisten Pflegeprodukten – ob sie in Plastik verpackt sind oder nicht.

Plastikfreies Make-up
gibt es zum Beispiel
in einer hochwertigen
Kartonverpackung,
die sehr stabil ist.

HAARGUMMI

Bei Haargummis gibt es meines Wissens momentan noch keine hundertprozentig plastikfreien Alternativen. Damit du deine Haare trotzdem zusammenbinden kannst, gibt es drei Möglichkeiten:

- Du hältst einfach immer mal wieder Ausschau nach Haargummis – am Strand, auf der Wiese und überall sonst liegt oft eins. Du kannst sie einfach mitnehmen, zu Hause heiß waschen und dann weiterverwenden.
- Wer das nicht möchte, kann Haargummis aus Baumwolle mit einem sehr geringen Anteil synthetischer Fasern kaufen.
- Du kannst Haargummis auch aus alten Strumpfhosen herstellen. Dafür musst du einfach nur Ringe aus der Strumpfhose schneiden.

Wenn du einfach nur deine Haare zusammenhalten willst, kannst du auch auf plastikfreie Haarspangen umsteigen. Die gibt es aus Holz oder Metall.

HAARBÜRSTE

Deine Haarbürste aus Plastik kannst du vorerst ohne Probleme weiterbenutzen. Wenn sie ersetzt werden muss, dann gibt es schöne aus Holz und Naturborsten. Die Borsten sind entweder vegan oder aus Tierhaar. Die Bürsten sind besonders pflegend, weil sie den Talg von der Kopfhaut bis in die Spitzen kämmen. Das verleiht den Haaren eine Schutzschicht. Knoten kann man mit ihnen super herauskämmen, ohne dass die Haare ausreißen.

Da ich sehr viele Haare habe, reicht bei mir die Bürste nicht immer und ich habe noch eine mit Holzgriff und festeren Kunststoffborsten. Wenn du auch mit einem Kamm zurechtkommst, dann ist er die bessere, weil plastikfreie Wahl.

Vor Indonesien klammert sich ein Seepferdchen an ein Wattestäbchen. Kein schönes Symbolbild für den Zustand unserer Meere, oder?

WATTESTÄBCHEN

Die Wattestäbchen, die jeder kennt, sind leider auch schon im Meer zu finden. Es ist besser, auf die plastikfreie oder sogar auf die Zero-waste-Alternative umzusteigen. Das plastikfreie Wattestäbchen besteht aus einem Bambusstäbchen und Baumwolle. Du kannst es also wie gewohnt verwenden und musst dich nicht umstellen. Aber leider wirfst du auch dieses Stäbchen danach in den Müll.

Die nachhaltige Alternative sind Stäbchen aus Holz oder Metall, die du nach dem Benutzen mit Wasser abwaschen kannst. Beide haben entweder eine Schlaufe oder eine Einbiegung am Ende, mit der du deine Ohren reinigen kannst. Sie sind nicht nur müllfrei, sondern auch angenehmer fürs Ohr, denn damit fährst du nicht so tief in den Gehörgang wie mit den Stäbchen.

RASIEREN

Zum Rasieren verwende ich einen Rasierhobel. Sie sind aus Edelstahl und man kann die Klinge austauschen. Auch wenn der Begriff »Rasierhobel« vielleicht etwas angsteinflößend klingt, brauchst du gar keine Angst zu haben. Schon unsere Groß-mütter und Großväter haben sich so rasiert! Das Ganze ist also eigentlich nichts Neues, sondern eine Wiederentdeckung. Du kannst dich nicht verletzen, wenn du vorsichtig rasierst und die Klinge in einem 90-Grad-Winkel auf deine Haut auflegst. Wenn du sonst immer Rasierschaum aus der Dose verwendet hast, kannst du feste Rasierseife verwenden. Du schäumst sie einfach mit einem Pinsel auf und trägst sie dann auf deine Haut auf. Das ist vor allem für Männer im Gesicht angenehm. Ich persönlich rasiere mich ohne Schaum, das funktioniert auch so ganz gut.

KLOBÜRSTE

Irgendwann muss auch mal die Klobürste ausgetauscht werden. Halte dann nach einer aus Holz und mit Naturborsten Ausschau. Es gibt Varianten, die gleich einen Ständer aus Holz und mit Keramikschale dabeihaben, die sind aber ein bisschen teurer. Wenn dir das zu viel ist, reicht auch einfach ein Glas, eine Vase, ein Blumen-topf oder ein Gefäß aus Edelstahl, in das du die Klobürste stellst. Alle kannst du bei Bedarf gut reinigen.

Wenn du die Möglichkeit hast, ist es auch von Vorteil, die Bürste aufzuhängen, sodass sie nicht direkt den Boden des Gefäßes berührt. Bei Plastikbürsten ist es ja kein Problem, wenn sie für längere Zeit im Wasser stehen, aber den Naturborsten tut es nicht gut, und so können sie wieder trocknen. Du kannst sie zum Beispiel mit einer langen Schnur am Klopapierhalter befestigen.

DIY: *Seifenschale*

Wenn du feste Seife und Shampoo verwendest, ist das Wichtigste, dass sie trocknen können. Wie du dir ganz leicht deine eigene Seifenschale zauberst, bei der deine Seifenstückchen von oben und unten trocknen können, zeige ich dir hier.

Was du brauchst: eine Schale in passender Größe, Steinchen, zum Beispiel Kies von einem Flussufer

1. Spüle die Steinchen gut ab.

2. Fülle sie in die Schale und lege deine Seifen sofort nach dem Gebrauch darauf ab. So können sie gut trocknen.

3. Leere das abgestandene Wasser regelmäßig aus.

Schnell gemacht: Für diese tolle Seifenschale brauchst du nur eine Schale und kleine Steinchen.

Große Auswahl: Es gibt tolle Seifen, Shampoo oder Conditioner von unterschiedlichen Herstellern.

HAUSHALT

Wie schon bei Schritt 1 erläutert, besteht der Hausmüll momentan zum größten Teil aus Einwegplastik. Deswegen ist es wichtig, auf Einwegprodukte zu verzichten und auf Mehrweg zu setzen. Das spart nicht nur eine Menge Plastikmüll, sondern reduziert den Hausmüll im Allgemeinen. Viele von den plastikfreien Alternativen kennst du vielleicht noch von deinen Großeltern. Die meisten Produkte gab es nämlich schon plastikfrei und wurden von uns in den letzten Jahrzehnten durch Wegwerfartikel ersetzt. Kunststoff hat Materialien wie Holz, Edelstahl, Glas und Stoff ersetzt, jetzt geht der Trend zum Glück wieder zu ihnen zurück. Da die Produkte höherwertig sind, sind sie meistens ein bisschen teurer. Aber lass dich davon nicht abschrecken, denn sie halten in der Regel auch viel länger. So zahlt sich deine Investition langfristig auf jeden Fall aus.

TASCHENTÜCHER UND SERVIETTEN

Taschentücher und Servietten habe ich zu einem Punkt zusammengefasst, weil es für das gleiche Problem – den unglaublichen Papiermüll und die Plastikverpackung – eine einfache Lösung gibt: Du steigst am besten auf Stoff um! Nach dem Gebrauch wäschst du die Servietten einfach bei hoher Temperatur, und schon sind sie wieder bereit für einen Einsatz.

Bei den Taschentüchern ist das genauso. Meine Stofftaschentücher haben mich schon durch einige Erkältungen begleitet und haben ihren Zweck immer mit Bravour erfüllt. Für unterwegs habe ich ein gehäkeltes Stofftäschchen für die Taschentücher. Wenn man wirklich Schnupfen hat, ist es gut, zwei Taschen dabeizuhaben – eine für frische und eine für benutzte Tücher.

Die Alternative mit den Stoffservietten kann wirklich jeder einfach umsetzen. Aber wenn es dir am Anfang zu viel Aufwand ist, dann kannst du auch recycelte Taschentücher in einer Pappspenderbox kaufen. Dabei musst du nur drauf achten, dass sie keine Plastiklasche haben.

FUSSELROLLE

Durch meinen Hund bin ich schnell auf das Problem Fusselrolle gestoßen, die unfassbar viel Müll verursacht. Ich habe getestet, ob ich Fusseln auf schwarzer Kleidung auch mit einem feuchten Tuch loswerden kann. Das klappt gut: Du wischst die Fusseln einfach Strich für Strich von der Kleidung. Bei widerspenstigeren hilft eine Kleiderbürste mit Tier- oder Naturborsten. Sie hat feste Borsten, die du leicht anfeuchtest, und dann kannst du wunderbar die Haare aus der Kleidung bürsten.

Borstenvielfalt ohne Plastik

Du hast die Wahl zwischen tierischen Borsten (zum Beispiel Wildschweinborste, Ziegen- und Rosshaar) und veganen (zum Beispiel Sisal). Beides ist gleich gut. Frag beim Kaufen, woraus genau die Borsten sind. Es gibt viele vegane Bürsten, aber leider habe ich nicht alle Typen, die ich brauche, mit veganen Borsten gefunden. Manchmal muss man sich zwischen zwei Wegen entscheiden, etwa vegan oder plastikfrei. Oft gibt es auch plastikfreie und vegane Produkte.

PUTZEN

Wenn du in der Wohnung den Boden putzen willst, reicht einfach ein großer Baum-
wolllappen. Du faltest ihn um deinen Schrubber – eine Art Besen mit kurzen, festen
Borsten –, und schon kann es losgehen. Wenn du noch einen anderen Wischbesen
daheim hast, dann besorge dir dafür einen wiederverwendbaren Wischaufsatz.
Wichtig ist, dass er nicht aus synthetischen Fasern besteht, da sonst wieder Mikro-
plastik ins Wasser gerät. Den Wischaufsatz oder großen Lappen einfach nach dem
Wischen in der Waschmaschine durchwaschen.
Zum Abstauben nimmst du entweder ein Staubtuch oder einen Handbesen aus
Ziegenhaar oder Straußenfedern. Beide nehmen dank ihrer besonderen Struktur
den Staub besonders gut auf und du brauchst sie nur auszuschütteln.

MÜLLBEUTEL

Je mehr du auf Plastik verzichtest und Müll vermeidest, desto weniger Müll wirst
du natürlich haben. Ganz schön praktisch, oder? Ich habe meistens nur noch
Papier- oder Biomüll. Für den Biomüll ist es am besten, einen kleinen Eimer mit
Deckel zu haben und ihn mit Zeitungspapier auszulegen. Ansonsten gibt es auch
Papiermülltüten aus Recyclingpapier. Obwohl es ja schon ein bisschen verrückt ist,
etwas zu kaufen, das wirklich nur zum Wegschmeißen gedacht ist – aber das ist
natürlich immer noch besser als Plastiktüten.

- **Beachte bitte:** Auch Bioplastik-Mülltüten haben nichts im Biomüll verloren,
  weil sie sich bei Weitem nicht schnell genug abbauen und die Kompostieranlagen verstopfen.

*Plastikfreies Waschmittel
ist in wenigen Minuten
gemacht. Ich benutze
es seit Jahren!*

DIY: *Waschpulver für noch mehr Pflege*

Das Waschmittel-Grundrezept von Seite 75 kannst du leicht verfeinern:

*1. Für extraweiße Wäsche kannst du pro Waschgang 1 bis 2 EL Soda
hinzugeben.*

*2. Gib für einen angenehmen Duft noch drei Tropfen ätherisches Öl
zum Waschpulver.*

*3. Für einen plastikfreien Weichspüler fügst du etwa 50 ml weißen
Haushaltsessig hinzu.*

UNTERWEGS

Unterwegs begegnen uns sehr viele Einwegprodukte, ob beim schnellen Imbiss to go oder abends auf einem Straßenfest. Keine Teller, Gläser oder Besteck, die abgewaschen werden müssen, sondern alles kann direkt in den Müll wandern. Auch wir Verbraucher haben uns daran gewöhnt, dass wir immer alles to go konsumieren können. An die Konsequenzen für uns und unsere Umwelt denken wir nicht. Deswegen ist es besonders wichtig, dass wir unsere To-go-Mentalität verändern, denn in diesem Bereich können Tonnen von Plastikmüll eingespart werden. Hier liegt es auch an den Gastronomen und Veranstaltern, etwas zu ändern, aber bis sich das wirklich etabliert hat, können wir Konsumenten auch schon einiges ändern und so auf das Problem aufmerksam machen und zu der Veränderung beitragen.

EINWECKGLAS

Unterwegs ist das Einweckglas ein echter Allrounder und ersetzt viele andere Dinge, die ich dir hier vorstelle. Wenn ich wenig mitnehmen möchte oder nicht weiß, was der Tag bringt, nehme ich zur Sicherheit so ein Glas mit. Ich nutze es auch mal als Trinkgefäß und fülle es mit Wasser auf oder mit einem heißen Getränk. Oder ich verwende es, um mir Essen beim Foodtruck zu kaufen und dort das Einweggeschirr zu vermeiden. Wie du siehst, muss man gar nicht viele Dinge kaufen, um Müll vermeiden zu können. Es reicht auch einfach ein Glas. Also schnapp dir am besten dein leeres Gurkenglas und fang direkt an, Plastik zu vermeiden.

Übrigens: Stülpe einfach eine Socke über das Glas. Dann kannst du es anfassen, wenn etwas Heißes darin ist, und du verbrennst dir nie wieder die Hände.

TO-GO-CUP

To-go-Becher zu ersetzen ist sehr wichtig, weil nicht nur die Becher komplett aus Plastik sind, sondern auch Pappbecher innen plastikbeschichtet sind. Du könntest dich ins Café setzen und dort gemütlich deinen Cappuccino trinken. Aber wenn du gerne etwas Heißes unterwegs trinkst oder den Kaffee aus deinem Lieblingscafé mit ins Büro nehmen möchtest, dann ist ein isolierter To-go-Becher genau das Richtige für dich. Du bestellst einfach wie immer deinen Kaffee und bittest darum, ihn in deinen mitgebrachten Becher zu füllen. Noch nie wurde mir der Wunsch verwehrt und in vielen Cafés bekommst du sogar einen kleinen Umweltrabatt.

Den isolierten Becher benutze ich auch in meiner Wohnung, weil der Tee darin viel länger warm bleibt. Auf Reisen wasche ich den To-go-Becher auch öfter mal nach dem Kaffee am Morgen aus und lasse mir mittags das Essen beim Imbiss dort hineinfüllen – auch da hat sich noch niemand beschwert und das Mittagessen bleibt darin auch länger warm. Also bleib einfach kreativ und verwende alles, was du dabeihast, um Müll zu vermeiden.

Übrigens: Heißes Wasser und Natron in den Becher geben, fünf Minuten stehen lassen, und schon ist er wieder sauber – vor allem bei Teeablagerungen praktisch.

TO-GO-BESTECK

Wenn du unterwegs bist und mit einer Brotzeitbox Essen vom Imbiss holst, brauchst du natürlich auch noch Besteck. Ich lege mir immer eine Gabel in einer Stoffserviette oder einem Taschentuch in die Box. So habe ich alles schön zusammen, die Gabel klappert beim Laufen nicht in der Box und ich habe noch eine wiederverwendbare Serviette dabei. Nach dem Essen versuche ich, die Box und das Besteck immer kurz irgendwo abzuspülen. Wenn ich keine Box dabeihabe, sondern etwas anderes, um den Einwegteller einzusparen, wickle ich das Besteck einfach in die Serviette und dann in die Tasche. Es gibt übrigens auch *Göffel*, das ist eine Kombination aus Gabel und Löffel, die man zusammenklappen kann. Der passt überall super rein und ich verwende ihn auch sehr gerne, weil er eben so klein ist.

 ## DIY: *Salat richtig ins Glas schichten*

Damit der Salat im Glas knackig bleibt, musst du ihn nur in der richtigen Reihenfolge hineinschichten.

1. Schicht: Dressing

2. Schicht: festes Gemüse wie zum Beispiel Karotten

3. Schicht: Salatblätter

4. Schicht: Getreide, Bohnen

5. Schicht: Käse, Oliven ...

6. Schicht: Salatblätter, Croûtons und Kerne

Bei diesem Schichtsalat kannst du die Zutaten jedes Mal etwas variieren.

TRINKHALME

Kalt- und Heißgetränke bekommt man oft mit buntem Röhrchen – eine überflüssige Müllquelle. Du kannst sie vermeiden, indem du bei der Bestellung sagst: »Ohne Halm, bitte.« Fast immer wird der Wunsch beachtet und nur ganz selten vergessen. Wenn du etwas mit Halm trinken willst (etwa bei Getränken mit viel Eis ist das praktisch), kannst du einen wiederverwendbaren Trinkhalm nutzen – aus Glas, Bambus oder Edelstahl.

Welcher Trinkhalm ist der richtige für dich?

Jedes Material hat seine Vor- und Nachteile. Deshalb stelle ich hier alle Varianten kurz vor:

- **Glas:** Er ist geschmacksneutral und man kann immer sehen, ob er richtig sauber ist. Er zerbricht nicht, denn er ist aus bruchsicherem Glas.

- **Edelstahl:** Er ist quasi unkaputtbar. Das Ende ist im Vergleich mit dem Glasstrohhalm etwas »spitzer«.

- **Bambus:** Bambushalme sind sehr schön leicht, aber leider nicht zu 100 Prozent geschmacksneutral.

- **Naturstrohhalme aus Roggen:** Diese Halme eignen sich sehr gut für Partys, weil du sie danach ohne schlechtes Gewissen wegwerfen kannst.

- **Makkaroni:** Du kannst lange Makkaroni als Partytrinkhalme verwenden.

Wenn du dein Getränk ausgetrunken hast, kannst du deinen Halm mit einer speziellen Bürste reinigen. Wichtig ist es, dafür unterwegs eine kleine Tasche dabeizuhaben oder den Halm in ein Tuch zu wickeln, damit er immer sauber ist. Für unterwegs packe ich ihn eine kleine Tasche oder wickle ihn in eine Stoffserviette.

DIY: *Trinkhalmtasche*

Was du brauchst: Tuch, Nadel und Faden, Schere, Knopf

1. Miss die Länge deines Trinkhalms ab und schneide dir die Breite des Tuchs dementsprechend lang + zwei Zentimeter auf jeder Seite zum Nähen.

2. Falte zwei Drittel des Tuchs übereinander und nähe die Enden zusammen.

3. Nähe an die Mitte der Lasche den Knopf.

4. Schneide das Knopfloch in das überlappende Stoffstück. Wenn du möchtest, kannst du noch mit Nadel und Faden um das Knopfloch nähen, damit es nicht ausfranst.

Schritt 3

Mikroplastik &
verstecktes Plastik

MIKROPLASTIK –
DIE UNSICHTBARE GEFAHR

Im letzten Schritt hast du gelernt, wie du größere Plastikprodukte vermeiden kannst, aber leider schwimmen nicht nur große Kunststoffteile im Meer, sondern – wie du bereits auf Seite 25 gelesen hast – es sammelt sich immer mehr Mikroplastik in unserem Wasser an.

In den nächsten Tipps dreht sich alles darum, wie du die Produkte mit Mikroplastik vermeiden kannst. Dabei zeige ich dir auch noch ein paar Produkte, in denen man gar kein Plastik vermuten würde, und ihre plastikfreien Alternativen sowie einige Alternativen für langlebige Plastikprodukte, die noch einige Jahre benutzt werden können, aber für die es schöne Alternativen gibt, wenn sie irgendwann ersetzt werden müssen.

 ## LEBENSMITTEL

In Lebensmitteln ist Mikroplastik und verstecktes Plastik natürlich besonders schlimm, weil wir es auf direktem Weg in unseren Organismus aufnehmen. Lange wurde diese Gefahr unter den Tisch gekehrt, aber inzwischen ist eine Studie herausgekommen, die erstmals Plastikpartikel im menschlichen Stuhl nachgewiesen hat. Ich finde, es ist keine besonders schöne Vorstellung, dass nicht nur Tiere Plastik im Magen haben, sondern wir auch.

Was Mikroplastik in unserem Körper genau anrichtet, ist noch nicht genug erforscht worden. Aber jeder, der sich in die Probleme rund ums Plastik eingelesen hat, kann sich ausmalen, dass es uns nicht guttut, sondern schadet.

KAFFEEKAPSELN UND -FILTER

Alukaffeekapseln sind unbedingt zu vermeiden. Wenn du schon eine Kapselmaschine hast, dann nimm eine wiederverwendbare Kapsel aus Edelstahl. Du füllst sie jedes Mal mit Kaffeepulver. Papierfilter kannst du durch einen Stofffilter ersetzen. Oder du benutzt eine French Press, also eine Kanne mit Siebstempel.

> ☞ *Tipp: Kaffee aus der Tasse*
>
> *Gib zwei bis drei Löffel Kaffee in die Tasse und fülle fast kochendes Wasser hinein (kochendes würde die Bitterstoffe lösen). Zwei bis drei Minuten ziehen lassen und umrühren, bei Bedarf Zucker und Milch zugeben und weitere zwei bis drei Minuten ziehen lassen.*

TEEBEUTEL

Die meisten Teebeutel sind heutzutage leider aus Kunststoff! Es ist besser, auf unverpackten Tee und ein Teesieb umzusteigen.

BAD

Tatsächlich enthalten viele Produkte im Badezimmer, bei denen man es gar nicht vermutet, auch Mikroplastik. Das ist sehr schlecht, da viele Produkte aus unserem Bad direkt im Abwasser landen. Als Verbraucher kann man das eigentlich nicht erkennen und du solltest die Artikel ab jetzt mit der Codecheck-App auf Mikroplastik überprüfen. Die App verrät dir die Inhaltsstoffe der jeweiligen Produkte. Anfangs musst du sicher einiges aussortieren, aber für diese Produkte gibt es zum Glück viele schöne nachhaltige Alternativen.

DEKORATIVE KOSMETIK

Zu Beginn meines plastikfreien Lebens fand ich für meine Make-up-Routine einfach keine plastikfreien Alternativen. Da ich mich früher schon immer sehr gerne geschminkt habe, hat mir irgendwann nur die (fast) plastikfreie Wimperntusche nicht mehr gereicht und ich habe andere plastikfreie Schminkprodukte gesucht. Mein erster Fund war ein unverpackter pinkfarbener Lippenstift: Die Freude war groß, endlich wieder ein bisschen Make-up zu benutzen.

Mittlerweile hat sich mein Schminkschrank wieder gut gefüllt. Die meisten Produkte wie Lippenstift, Concealer und Foundation sind feste, unverpackte Produkte und mein Puder befindet sich in einer stabilen Kartonverpackung. Da das Thema Kosmetik ein sehr umfangreiches ist und es immer mehr plastikfreie Produkte gibt, zeige ich auf meinem Instagram-Account oder auf meinem Blog regelmäßig meine neusten Entdeckungen.

ABSCHMINKPADS

Bei Wattepads ist nur die Verpackung aus Plastik, aber die Pads sind aus biologisch abbaubarer Baumwolle? Irrtum! Ich hatte das auch gedacht, aber sie werden auch mit Kunststoff verarbeitet. Seit einigen Jahren wird das sogenannte Thermobonding-Verfahren verwendet, damit die Struktur besser ist. Dabei werden sogenannte Schmelzfasern hinzugefügt. Selbst wenn man »Öko-Pads« aus reiner Baumwolle kauft, verschwendet man unglaublich viel Ressourcen – vor allem Wasser –, und das, obwohl in den meisten Baumwollanbaugebieten eine enorme Wasserknappheit herrscht. Es ist also höchste Zeit, auf Stoffpads umzusteigen.
Mit einem handflächengroßen Pad schminke ich mich bis zu fünfmal ab, bevor ich es waschen muss. Meistens lege ich die Pads einfach mit in die Kochwäsche in die Waschmaschine, aber wenn sie stark verschmutzt sind, koche ich sie auch ganz gerne in einem Topf mit einem Teelöffel Soda aus, dadurch werden sie wieder richtig schön sauber.

HAUTREINIGUNG

Normalerweise verwenden wir ein Peeling, das Kügelchen enthält, die unsere Hautschuppen abschrubben. Leider sind darin die Kugeln aus Plastik, die durch den Abfluss direkt ins Abwasser gelangen. Außerdem kann unsere Haut durch den direkten Kontakt Schadstoffe aufnehmen, die im Plastik enthalten sind. Diese Peelings sind also überhaupt nicht gut. Aber keine Angst: Es gibt auch viele Peelings, die statt Plastik zum Beispiel Salz enthalten. Momentan verwende ich aber am liebsten meine Gesichtsbürste. Man fährt mit ihr in kreisenden Bewegungen über die Haut und reinigt so die Poren und trägt die Hautschüppchen ab.

GESICHTSCREME

Plastikfreie Gesichtspflege gibt es in fester Form oder in einem Glastiegel. Cremes im Glastiegel haben manchmal einen Plastikdeckel. Wenn es sich um eine tolle, überzeugende Naturkosmetikcreme handelt, nehme ich das kleine Plastikteil ausnahmsweise in Kauf.

SONNENCREME

Normale Sonnencreme ist in Plastik verpackt und enthält meist Mikroplastik. Damit tragen wir Mikroplastik auf direktem Weg ins Meer oder in andere Gewässer. Zusätzlich werden viele andere Stoffe verwendet, die für uns oder die Umwelt sehr schädlich sind. Wenn man zu früh nach dem Eincremen ins Wasser geht, bildet sich um einen herum ein dünner milchiger Teppich. Das sind alles Fremdstoffe für unser Ökosystem. Um diesen Effekt und die äußere Plastikverpackung zu vermeiden, kannst du eine Sonnencreme mit natürlicheren Inhaltsstoffen in einer Pappverpackung verwenden. Das ist ein fester Stick, den du auf die Haut aufträgst.

ZAHNSEIDE

Zahnseide ist normalerweise in Plastik verpackt und der Faden an sich ist aus Nylon. Der plastikfreie Ersatz dafür ist ein Wildseidenfaden, der mit Bienenwachs überzogen ist und in einem kleinen Schraubglas verkauft wird. Das Glas kannst du immer wieder mit Zahnseide befüllen.

BINDEN UND TAMPONS

In den meisten herkömmlichen Tampons und Binden werden bis zu 90 Prozent synthetische Stoffe verarbeitet, weil diese günstiger als Baumwolle sind. Zudem sind auch verschiedene chemische Stoffe wie Bleiche, Dioxin oder Pestizidrückstände enthalten. Da unsere Schleimhäute Schadstoffe besonders leicht aufnehmen, gelangen diese so in unseren Blutkreislauf. Hört sich nicht so gesund an, oder? Deswegen ist es besser, wenn du wie ich auf eine Menstruationstasse (oft Cup genannt) oder Stoffbinden umsteigst.

Eine Cup ist eine wiederverwendbare »Tasse« aus medizinischem Silikon, die du in die Scheide einführst. Sie fängt das Blut auf und sollte nach zwölf Stunden entleert werden. Mit ihr kann man ganz normal Sport treiben, schwimmen und allen anderen Hobbys nachgehen. Deswegen ist sie auch bei vielen der Favorit. Am Ende jeder Regel solltest du die Tasse einmal in kochendem Wasser gründlich reinigen.

Die Stoffbinden sind ebenfalls wiederverwendbar und du kannst sie ganz normal wie andere Binden verwenden, nur dass du sie eben nicht wegwirfst, sondern wäschst und wiederverwendest.

Wenn beide Varianten nichts für dich sind, dann kannst du zumindest auf Biotampons umsteigen. So entsteht zwar Plastikmüll, aber zumindest sind sie nicht so schädlich für dich wie herkömmliche Tampons.

Du hast die Wahl: Statt Tampons kannst du eine Cup benutzen und Binden gibt es aus Stoff.

HAUSHALT

Im letzten Schritt in der Rubrik »Haushalt« hast du schon viele Produkte kennengelernt, die eine Menge Müll verursachen. Da das eher die offensichtlichen Plastikverursacher waren, komme ich nun auf einige Produkte zu sprechen, an die du beim Thema »Plastik« vielleicht gar nicht direkt denkst, die du aber trotzdem ersetzen kannst und solltest.

WASSERKOCHER

Statt einem elektrischen Wasserkocher mit Kunststoffbehälter kannst du einen Wasserkessel aus Edelstahl benutzen. Das ist besonders wichtig, weil sich durch das ständige Erhitzen von Wasser im Wasserkocher Plastikteilchen vom Behälter lösen und direkt in deinen heißen Tee wandern.

KLEIDUNG

Statt Synthetikfasern kaufst du besser natürliches Material. Denn auch die Kleidung trägt viel zum Mikroplastik im Meer bei: An die 700 000 Mikroplastikfasern lösen sich von unserer Wäsche pro Waschgang. Deswegen ist Kleidung aus Naturfaser so wichtig. Feinstrumpfhosen zum Beispiel gibt es immerhin aus recyceltem Plastik. Kleidungsstücke nur aus Kunstfaser sind noch okay, aber nicht ein Pullover, der auch aus Naturfaser bestehen könnte.

Übrigens: Nimm für Synthetikkleidung beim Waschen einen speziellen Waschbeutel, der die Mikrofasern zurückhält. So kannst du sie gezielt entsorgen.

EINWEGGESCHIRR

Wenn du mal bei einer Party nicht genug Geschirr hast, kannst du entweder deine Gäste bitten, etwas Eigenes mitzubringen, deine Nachbarn fragen oder Geschirr leihen. Ist das für dich nicht so gut umsetzbar, gibt es zum Glück auch plastikfreie Einwegteller aus Palmblättern und Besteck aus Holz.

BACKPAPIER

Wegwerf-Backpapier enthält Chemikalien wie Chromsalze oder Fluorchlorkohlenwasserstoffe, die sich bei starker Erhitzung im Ofen lösen können. Auch die wiederverwendbaren Backmatten sind keine Alternative, denn sie sind mit einer Silikonschicht überzogen, damit nichts haften bleibt. Aber keine Sorge, es gibt ganz einfache Alternativen für Backpapier:

- **Mehl und Fett:** Die Variante finde ich besonders praktisch, wenn man nicht das ganze Backblech braucht, sondern nur einen Teil. Man fettet das Blech an der gewünschten Stelle ein und stäubt Mehl darüber. Aber natürlich geht es auch gut mit dem ganzen Blech oder mit Kuchen- und Plätzchenformen.

- **Butterbrotpapier/Naturbackpapier:** Das Papier legt man einfach wie gewohnt auf das Blech. Es gibt sogar mittlerweile ein sogenanntes Naturpapier, das zum einen als Alternative für Backpapier verwendet werden kann, aber auch für das Einpacken von Lebensmitteln.

Wenn ich in anderen Städten unterwegs bin, gehe ich dort gerne in einen Unverpackt-Laden.

# UNTERWEGS

Unterwegs ist es immer ein bisschen schwieriger, auf Plastik zu verzichten, denn da stoßen wir immer wieder auf Produkte aus oder mit Plastik.

KASSENZETTEL

Bons kann man nicht immer umgehen. Dann ist es wichtig, sie richtig zu entsorgen. Sie gehören nicht in den Papiermüll. Das Thermopapier ist mit BPA (Bisphenol A) oder anderen Kunststoffen beschichtet und muss in den Restmüll.

PAPIERTÜTEN

Papiertüten sind oft mit Plastik überzogen oder verklebt und verschwenden viele Ressourcen, deswegen ist es immer besser, einen Stoffbeutel zu verwenden.

SCHUHE

Schuhe mit Kunststoffsohle erzeugen mit jedem Schritt Plastikabrieb, also Mikroplastik. Mittlerweile gibt es immer mehr Sohlen aus Naturkautschuk.

KOSMETIKARTIKEL IN HOTELS

Nimm immer deine eigenen Kosmetikprodukte auf deine Reisen mit. So sparst du die Einzelverpackungen und weißt sicher, dass in deinen Produkten kein Mikroplastik steckt.

Schritt 4

Nachhaltig
leben

BEWUSST REDUZIEREN

In den letzten Schritten haben wir schon sehr viel Plastik ersetzt und einen großen Schritt ins plastikfreie Leben gemacht. Jetzt sind noch einige größere oder langlebigere Produkte übrig. Manche kannst und solltest du auch so lange weiterverwenden, wie es geht, sonst würde nur unnötig Plastikmüll entstehen. Damit meine ich zum Beispiel Wäscheklammern oder einen Staubsauger. Die sind nun mal da, schaden aber niemandem im Alltag und produzieren nicht immer wieder neuen Müll. Haben sie ihr Lebensende erreicht, kannst du sie durch plastikfreie Produkte ersetzen. Die passenden Alternativen stelle ich dir in den folgenden Tipps vor.

Hab dabei auch im Kopf, dass nicht jedes einzelne Produkt ersetzt werden muss. Oft kannst du eins auch für mehrere Zwecke verwenden. Es ist viel schöner, nicht mehr so viel zu dem ganzen Überschuss beizusteuern. Reduzierst du dich, heißt es nicht, dass du auf wichtige Dinge verzichten musst. Es geht vor allem darum, weniger aus einem Impuls heraus und stattdessen bewusst zu handeln. Ich laufe zum Beispiel jetzt ganz anders durch Geschäfte. Ich sehe nicht mehr all die bunten Produkte mit schrillen Verpackungen, die einem alles Mögliche versprechen, sondern ich habe quasi einen »Tunnelblick« entwickelt. Ich lasse mich gar nicht mehr ablenken, sondern besorge nur noch das, wozu ich wirklich in den Laden gekommen bin. Das heißt zum Beispiel auch, dass ich viel stärker als früher auf Qualität statt auf Quantität achte. Natürlich kosten hochwertige Dinge etwas mehr, aber durch ihre hohe Qualität bleiben sie dir auch viel länger erhalten.

Für mich gehört zum plastikfreien Leben, in allen Bereichen auf Nachhaltigkeit zu setzen. Manche Dinge kannst du schnell und dauerhaft verbessern, wie den Stromanbieter zu wechseln, auf andere achtest du ab jetzt stärker und versuchst, sie immer öfter zu ändern, wie zum Beispiel mehr mit dem Zug zu fahren. Wie

Auch Tee habe ich bewusst reduziert. Den unverpackten Lieblingstee brühe ich mit einem Teesieb auf.

beim plastikfreien Leben würde es die meisten überfordern, sofort alles zu ändern. Deswegen suche dir doch am besten immer eine Sache raus und integriere sie in dein Leben. Hast du das erfolgreich gemeistert, nimm dir die nächste vor.

ZU HAUSE

LEBENSMITTEL KOMPLETT VERBRAUCHEN

Eine große Rolle beim Vermeiden von Lebensmittelverschwendung spielt die richtige Verarbeitung der Lebensmittel. Vor allem von Obst und Gemüse wird zum Teil viel zu wenig benutzt und viel zu viel weggeworfen. Du kannst zum Beispiel auch den Stiel von Brokkoli verwenden oder die Kerne vom Kürbis rösten und leckere Snacks daraus machen.

LEBENSMITTEL RETTEN

Es gibt viele Möglichkeiten, Lebensmittel zu retten. Hier die wichtigsten Ideen:

- Es gibt einige Apps, mit deren Hilfe man bei Restaurants und Cafés übrig gebliebenes Essen mit Rabatt bekommt. Zum Abholen kannst du deine eigenen Boxen mitbringen. Am besten kündigst du das schon bei deiner Bestellung an, damit du das Essen nicht in Einwegverpackungen bekommst.

- **Mundraub.org:** Auf der Karte von Mundraub findest du Obstbäume, Kräuter und Ähnliches in deiner Gegend, an denen du dich bedienen darfst.

- **Foodsharing:** Plattformen fürs Foodsharing listen überzählige Lebensmittel auf. Du kannst selbst anbieten oder dir bei anderen etwas holen.

DIY: *Kräuterwürfel*

Im Sommer haben wir reichlich frische Kräuter zur Verfügung, im Winter hingegen schaut es dagegen etwas mau aus. Damit du auch im Winter genügend Kräuter hast oder die rettest, die du im Sommer einfach nicht alle essen kannst, solltest du dir selber Kräuterwürfel machen.

Was du brauchst: Olivenöl, Kräuter und Eiswürfelform

1. Hacke deine Kräuter in die gewünschte Größe, gib sie in eine Schüssel. Bedecke die Kräuter mit Olivenöl, rühre kräftig um.

2. Gib das Kräuter-Öl-Gemisch in die Eiswürfelform und friere sie ein. Du kannst die fertigen Würfel aus der Schale drücken und in einem Glas im Gefrierfach lagern.

SAISONAL KAUFEN

Zum nachhaltigen Leben gehört selbstverständlich, vor allem saisonal einzukaufen. So unterstützt du die regionale Landwirtschaft und verminderst die CO_2-Belastung, weil der weite Transport wegfällt. Je weniger Weg die Lebensmittel zurücklegen müssen, desto weniger müssen sie verpackt werden. Wenn du dir nicht ganz sicher bist, wann was saisonal bei uns wächst, findest du im Internet ganz viele Listen mit den Lebensmitteln, die gerade aktuell sind.

BLUMEN

Beim Anbau von Schnittblumen werden wahnsinnig viele Pestizide verwendet und die Blumen werden oft um die halbe Welt geflogen – beides sehr umweltschädlich. Besser ist es, auf Pflanzen im Topf umsteigen. Die erfreuen uns länger und sind genauso schön. Wenn du doch Schnittblumen haben möchtest, solltest du ökologische und regionale wählen. Ich pflücke beim Spazierengehen gerne ein paar Wildblumen. Allerdings nur, wenn es davon richtig viele gibt. Sonst lasse ich die Blumen lieber stehen. Dabei achte ich natürlich darauf, keine seltenen Arten zu pflücken – die sind tabu, denn die Blütenvielfalt ist vor allem für die Bienen wichtig.

WEIHNACHTSBAUM

Weihnachtstannen werden in großen Monokulturen angepflanzt und wieder abgeholzt, sobald sie groß genug sind. Unsere Wohnzimmer schmücken sie nur wenige Tage. Die nachhaltigere und – wie ich finde – die schönere Variante ist ein wiederverwendbarer Weihnachtsbaum.

- **Holzsteckbaum:** Es gibt richtig schöne Systeme, bei denen du dir deinen Baum aus Holz zusammenstecken kannst. Ist Weihnachten vorbei, ziehst du einfach alle Äste wieder auseinander und packst sie ein.

- **Weihnachtsvorhang:** Wenn du wenig Platz in der Wohnung hast, kannst du einen Vorhang mit einem Weihnachtsbaum aufhängen. Mit Sicherheitsnadeln kannst du auch hier ganz normal deine Weihnachtsbaumkugeln aufhängen.

- **Lebender Baum:** Einen Baum im Topf kannst du jahrelang verwenden und ihn einfach draußen einpflanzen, wenn er mal zu groß wird.

Auf meinem Blog habe ich noch mehr Varianten zusammengestellt.

MÖBEL

Neue Möbel sind oft in Plastik verschweißt und vielfach auch aus einem Material, das nicht besonders langlebig ist. Bevor ich neue Möbel kaufe, schaue ich erst in den Kleinanzeigen, ob es etwas Passendes gebraucht gibt. Wenn es aber ganz bestimmte Maße sein müssen, dann kommt man manchmal einfach nicht um einen Neukauf herum. Dann ist es besser, auf echte und hochwertige Materialien und auf eine faire Produktion zu achten. Oft lässt sich hier aber im Gegensatz zu gebrauchten Möbeln die Außenverpackung nicht vermeiden. Nachhaltig arbeitende Möbelmanufakturen achten aber oft auf eine nachhaltige Verpackung.

Übrigens: Wenn du Werkzeug brauchst, kannst du es dir von Freunden, Nachbarn oder vom Baumarkt leihen oder auf Nachbarschaftsseiten nachsehen.

BETTDECKE UND KISSEN

Auch im Bett solltest du auf natürliche Materialien achten. Viele Matratzen, Decken und Kissen bestehen ganz oder teilweise aus synthetischen Stoffen, die der Gesundheit langfristig schaden können. Sie werden zudem aus Erdöl produziert und nach dem Gebrauch verbrannt. Dabei setzen sie viel CO_2 frei. Außerdem sind sie auch für unseren Schlafkomfort nicht besonders gut: Synthetische Stoffe sind meistens nicht atmungsaktiv und dadurch schwitzen wir mehr im Schlaf.

Es ist in jeder Hinsicht besser, natürliche Materialien zu wählen. Für Matratzen sind das etwa Naturfasern (wie Baumwolle, Hanf, Tencel) und Naturlatex. Natürliche Füllmaterialien für Kissen und Decken sind zum Beispiel Daunen, Baumwolle, Hanf und Tencel.

- **Achtung:** Der Begriff »Naturlatex« ist wie Bioplastik nicht geschützt. Schau deshalb immer genau, ob es sich wirklich um Naturkautschuk handelt.

STREICHHÖLZER UND FEUERZEUG

Herkömmliche Streichhölzer sind alles andere als ressourcenschonend, denn für die Herstellung wird wahnsinnig viel Holz für das kleine Einwegprodukt verwendet. Besser ist es, auf Ökostreichhölzer umzusteigen, die aus recyceltem Karton und nicht aus Holz produziert werden.

Noch viel besser ist es aber, Feuerzeuge zu benutzen. Dann kannst du dir statt der Einwegfeuerzeuge ein hochwertiges nachfüllbares Feuerzeug anschaffen. Bei dem müssen vielleicht manchmal der Zündstein und die Lunte ausgetauscht werden, aber ansonsten hält es ewig.

DIY: *Duschvorhang*

Beim Duschvorhang ist normalerweise alles aus Plastik, der Vorhang an sich, die Ringe zum Aufhängen und die Stange oder zumindest ihre Enden. Das geht aber auch ganz einfach plastikfrei. Ich habe mir einfach einen schönen Stoff aus Baumwolle und Leinen ausgesucht, zwei Metallhaken an die Wand geschraubt, ein Seil darüber gespannt und den Vorhang aufgehängt. Der echte Stoff hält das Spritzwasser genauso gut ab und hat den Vorteil, dass er von beiden Seiten sehr schnell trocknet. Ich habe sogar einen relativ dünnen Stoff, und das klappt super.

STAUBSAUGER

Beim Staubsauger als Elektrogerät toleriere ich Plastik. Doch die Beutel produzieren auf lange Sicht eine Menge Müll. Verwende deinen Staubsauger einfach so lange, bis er nicht mehr geht. Dann solltest du dir überlegen, was die beste Alternative für dich ist. Ein schöner Kompromiss sind die Geräte, die gar keinen Beutel mehr brauchen, und wenn du so eins dann auch noch gebraucht findest, dann halte ich das für eine sehr gute Lösung. Sonst kannst du auch einen Besen nehmen.

SCHAUFEL UND BESEN

Schaufel und Besen aus Plastik altern schnell und müssen ersetzt werden. Hat beides ausgedient, gibt es Schaufeln aus Blech mit Holzgriff und den Besen aus Holz und mit Naturborsten. Naturborsten sind sehr langlebig.

Übrigens: Bürstenmacher bieten viel Plastikfreies und Haltbares für den Haushalt. Du findest sie auf Märkten und Festen sowie mit Shops im Internet.

WÄSCHEKLAMMERN

Wäscheklammern gibt es nicht nur aus Plastik, sondern auch aus Holz. Ihr Vorteil ist, dass das Material mit der Zeit nicht porös wird und sie länger halten.

LUFTBALLONS

Luftballons kannst du etwa durch eine Girlande ersetzen. Wenn es Ballons sein müssen, gibt es welche aus Naturkautschuk. Man sollte sie aber nie aufsteigen lassen, denn dann landen sie in der Natur und gefährden Tiere.

GESCHENKVERPACKUNG

Zu Weihnachten wandern Berge von Papier in die Tonne. Nachhaltige Alternativen: Nimm gebrauchtes Geschenkpapier oder Zeitungspapier. Auch eine gute Idee ist es, Geschenke in schöne Tücher zu packen und mit der Furoshiki-Technik zu verknoten. Du findest dafür zahlreiche Anleitungen im Internet.

Übrigens: Du kannst diese Technik auch nutzen, um Einkäufe einzupacken, denn es gibt sogar Knottechniken, bei denen ein kleiner Tragehenkel entsteht.

STROM

Die Entscheidung für Ökostrom ist ein einfacher, schnell gemachter Schritt in ein nachhaltigeres Leben. Wenn du es noch nicht gemacht hast, dann wechsle doch zu einem grünen Stromanbieter. Damit unterstützt du erneuerbare Energien und stoppst so zum Beispiel die Rodung von Wäldern. Oft ist es nicht mal teurer als herkömmlicher Strom.

GELD

Hast du schon mal darüber nachgedacht, was die Banken mit deinem Geld machen? Sie investieren unser Geld in die verschiedensten Projekte, die meisten würden wir so nicht unterstützen. Es gibt aber auch Geldinstitute, die grün denken und handeln. Sie investieren nur in nachhaltige Projekte – und haben damit Erfolg. Prüfe doch mal, ob du vielleicht zu einer grünen Bank wechseln möchtest.

KEINE WERBUNG

Kümmere dich darum, dass du keine Werbung mehr bekommst. Das ist überflüssiges Papier, das meistens direkt in den Müll wandert. Klebe ein Keine-Werbung-Schild auf deinen Briefkasten und melde dich bei den Firmen für die Werbung ab. Denk in Zukunft am besten daran, bei jeder Anmeldung auf den Formularen das Feld »Nein zu Werbung« anzukreuzen.

 *UNTERWEGS*

PLASTIKBECHER AUF VERANSTALTUNGEN

Wenn ich auf Konzerten und Festivals bin, nehme ich ganz gerne meinen Edelstahlbecher mit. Natürlich könnte ich auch den To-go-Becher verwenden. Da er aber sehr sperrig für kleine Taschen ist, nehme ich lieber die kleine Variante. Wenn du noch keinen Becher hast und du sowieso immer deine wiederverwendbare Flasche dabeihast, kannst du sie natürlich auch verwenden.

In manchen Fällen erlauben Veranstalter nicht, dass man eine Flasche (sogar leer) oder einen Becher mitnimmt. Dann kaufe ich mir an der Bar ganz normal ein Getränk und verwende den Becher, den ich da bekomme, den ganzen Abend immer wieder. Das funktioniert immer und spart eine ganze Menge Müll. Ich finde es ganz wichtig, dass ich mir immer eine plastikfreie Lösung überlege, damit ich auf nichts Schönes verzichten muss. Sonst würde die Umstellung auf ein nachhaltigeres Leben einfach nicht so gut funktionieren.

> ☞ *Tipp: Bei Veranstaltungen vorher fragen*
>
> *Am besten informierst du dich vorab bei den Veranstaltern, ob du deinen eigenen Becher mitnehmen darfst. Es kann dir sonst nämlich passieren, dass sie ihn dir am Eingang abnehmen und du ihn später nicht mehr zurückbekommst. Falls der Veranstalter Nein sagt, kannst du ihn nett auf den Umweltaspekt hinweisen und das bringt ihn vielleicht dazu, die Regeln für das nächste Event zu ändern.*

FLIEGEN

Fliegen ist die umweltschädlichste Art, von A nach B zu reisen. Nicht selten wird mit einem Flug so viel CO_2 erzeugt, wie es sonst nur mit einem Jahr Autofahren der Fall ist. Vor allem bei Kurzstrecken kann man leicht auf andere Transportmittel wie den Zug umsteigen. Meistens ist das innerhalb Deutschlands sowieso schneller, weil die Abläufe beim Fliegen wie der Weg zum Flughafen, die Gepäckaufgabe oder die

Beim Verreisen habe ich immer einen To-go-Becher dabei. Es gibt sie in ganz unterschiedlichen Größen.

Security-Kontrollen viel Zeit kosten. Wenn es doch mal das Flugzeug sein muss, kann man seinen CO_2-Ausstoß kompensieren. Man zahlt ein bisschen zusätzlich zu dem Flugpreis und das Geld wird für Klimaschutzprojekte gespendet. Sonst sind auch die Mitfahrzentrale oder ein Fernbus eine gute Alternative.

GRÜNE HOTELS

Wenn ich verreise, wähle ich ein grünes Hotel. Es gibt viele Anbieter, die sich auf die umweltfreundliche Hotellerie spezialisiert haben. Das kann in den unterschiedlichsten Bereichen sein. Manche haben sich darauf spezialisiert, Müll zu vermeiden, andere führen ein CO_2-neutrales Hotel. Schau einfach bei deinem nächsten Urlaub, ob es dort auch ein umweltfreundliches Hotel gibt.

Plastikfrei leben - FAQ

WICHTIGE FRAGEN RUND UM DEN NACHHALTIGEN ALLTAG

Unser Leben verändert sich schnell und bei jedem anders. Daher kann ich dir natürlich nicht für jede Einzelheit den perfekten Tipp geben. Wenn du aber die vier Schritte meines Programms gemeistert hast, dann hast du genug Erfahrung, um alles andere zu lösen. Wenn doch noch ein paar Themen offen sind, dann schau auf meinem Blog oder auf Instagram vorbei, denn dort schreibe ich auch regelmäßig über mein plastikfreies Leben. Und nicht vergessen: Unter unserem gemeinsamen Hashtag #einfachplastikfreileben findest du viele Beiträge von Gleichgesinnten und kannst jederzeit deine eigenen plastikfreien Versuche mit uns teilen.

Mir ist aufgefallen, dass es ein paar spezielle Themen aus den verschiedensten Bereichen gibt, zu denen ich besonders oft Fragen gestellt bekomme oder mit denen ich am Anfang oft selbst Probleme hatte. Deswegen habe ich dir als Ergänzung in diesem Teil des Buchs meine besten zusätzlichen Tipps aufgeschrieben.

ZUSAMMENLEBEN MIT ANDEREN – WG, PARTNER ODER ELTERN

Lebt man mit anderen zusammen, muss man oft Kompromisse eingehen, auf andere Bedürfnisse Rücksicht nehmen und sich am Ende so einigen, dass es für jeden einigermaßen passt. Das ist überall gleich, ob man nun in einer WG, mit dem Partner zusammen oder noch bei den Eltern wohnt. Wenn du jetzt den Wunsch hast, auf Plastik zu verzichten, und zu Hause auf plastikfreie Alternativen umstellen willst, kann es natürlich sein, dass nicht jeder davon begeistert ist und sich eingeschränkt fühlt. Toll ist es natürlich, wenn alle mitziehen und ihr gemeinsam einen plastikfreien Alltag haben wollt. Das ist nicht immer der Fall – zumindest am Anfang gibt es im Umfeld viele kritischen Stimmen. Ich erlebe aber immer wieder, dass ich durch das positive Vorleben nach und nach mehr Menschen inspiriere, ebenfalls mitzumachen und etwas zu verändern.

Wenn die anderen in der Wohnung weiter Plastik benutzen, kannst du dennoch allein viel bewegen. Schau einfach, dass du trotzdem so viel Plastik wie möglich einsparst. Hier möchte ich noch mal darauf hinweisen, dass ich es ganz wichtig finde, dass der Verzicht auf Plastik dich nicht in deinen sozialen Beziehungen einschränkt. Es wäre schade, wenn du bei Aktivitäten mit deinen Freunden oder deiner Familie nicht mehr mitmachen oder sogar nicht mehr mit jemandem zusammenleben willst, weil beim Thema Kunststoff zu viel Differenzen entstehen. Ich finde es ganz wichtig, dass deine gute Absicht, Plastik zu vermeiden, nicht dazu führt, dass du dich von deinem Umfeld abgrenzt und nur noch ganz alleine wohnen kannst.

Meine Erfahrung hat mir gezeigt, dass es drei Arten von »Plastik-Umstellungen« im Zusammenleben mit anderen gibt. Ich stelle sie dir kurz vor, damit dein nachhaltiger Alltag möglichst gut funktioniert.

WAS DU FÜR DICH ÄNDERN KANNST

Es gibt wahnsinnig viele Aspekte, die du ändern kannst, ohne dass es deine Mitbewohner, Eltern oder deinen Partner stört. Es gibt schließlich genügend Gegenstände und Produkte, die du allein verwendest. Und wer weiß: Vielleicht lebst du einige Dinge so gut vor, dass den anderen in deiner Umgebung das plastikfreie

Leben so einfach erscheint, wie es tatsächlich ist, und sie schon bald die Alternativen bevorzugen.

Folgendes kannst du gut austauschen:

- Zahnbürste,
- Zahnputzmittel,
- Duschprodukte,
- Kosmetik.

WAS DU FÜR ALLE ÄNDERN KANNST

Es gibt auch einige Sachen, die du für alle ändern kannst – ohne die anderen zu beeinträchtigen. Dabei handelt es sich um Produkte, die keine Umstellung erfordern, sondern einfach nur aus einem anderen Material bestehen oder anders verpackt wurden. Hier musst du natürlich immer noch selbst abwägen, wie viel für dein Umfeld geht und was die anderen stört.

Das kannst du gut für alle besorgen:

- Spülbürste aus Holz,
- feste Seife,
- unverpackt einkaufen,
- unverpacktes Klopapier.

WAS LEIDER NICHT GEHT

Dann gibt es natürlich Produkte, die du einfach nicht umstellen kannst, weil sie zu sehr ins Leben der anderen eingreifen. Hier solltest du respektieren, dass jeder seine eigene Meinung hat und seinen Alltag anders gestaltet.

Wo du vorsichtig sein solltest:

- Nicht alle Plastiksachen aussortieren. Aber wenn du beispielsweise lieber einen Holzkochlöffel verwenden willst, dann besorge einen für dich.

- Nicht die Dinge von anderen austauschen, zum Beispiel deren Zahnbürste.
- Nicht die Dinge aussortieren, die ihr gemeinsam benutzt. Zum Beispiel das Putz- und Waschmittel. Du könntest zum Beispiel dein eigenes benutzen, aber da die plastikfreien Putzmittel ja doch ganz anders sind als die konventionellen, bevorzugen deine Mitbewohner vielleicht eher die gewohnten Produkte.

Es gibt natürlich noch viele andere Punkte, weil jeder Haushalt anders ist. Diese Hinweise sollen dir einfach nur eine erste Idee geben, in welche »Kategorien« du die Umstellungen einordnen kannst, was es für Möglichkeiten gibt und womit du wegen deiner Mitbewohner sensibel sein solltest.

AUCH KOMPROMISSE HELFEN

Wenn du bei deinen Eltern wohnst und über kein eigenes Einkommen verfügst, ist es etwas schwieriger. Höchstwahrscheinlich kannst du nicht alles aus der Rubrik »Das kann man ändern« selbst von deinem Taschengeld zahlen. Deswegen ist es wichtig, dass du mit deinen Eltern redest. Erkläre ihnen, warum du auf Plastik verzichten möchtest, was es für plastikfreie Alternativen gibt und welche du bei dir austauschen möchtest. Versuche auch zu erklären, dass diese Änderungen sie gar nicht betreffen, sondern dass es nur Dinge sind, die du selbst verwendest.
Selbst wenn du bei dir zu Hause nicht viel ändern kannst, gibt es draußen viel, wo du aktiv werden kannst. Vor allem die Rubrik »Unterwegs« aus meinem Vier-Schritte-Programm kann sehr hilfreich für dich sein. Davon kannst du viele Punkte ändern und Dinge wie Trinkflasche, Stoffbeutel, Brotzeitbox kannst du dir entweder zum Geburtstag oder zu Weihnachten wünschen oder darauf sparen. Schau bei solchen Dingen auch einmal, ob du etwas Secondhand findest, das

spart Geld und schont Ressourcen. Du wirst sehen: So viel ist es gar nicht, was du brauchst. Für den Anfang kannst du dir einfach ein leeres Gurkenglas schnappen! Wie ich in meinem Schritt-für-Schritt-Programm erklärt habe, kannst du das für ganz verschiedene Zwecke verwenden und sparst damit ab sofort ganz mühelos jede Menge Plastik.

Wenn du nicht einkaufen warst und jemand anders Lebensmittel in Plastikverpackungen gekauft hat, kannst du trotzdem Plastik sparen. Vermeide die Einkäufe der anderen und belege dein Brot zum Beispiel nur mit Dingen, die du unverpackt oder plastikfrei bekommen hast. Das hat den Effekt, dass zum Beispiel der Frischkäse im Plastikbecher länger hält und du dadurch mit der Zeit zumindest ein wenig Verpackung gespart hast. Das ist natürlich nur eine sehr kleine Veränderung, aber besser als nichts.

Vielleicht kommst du bei deiner Umstellung auf ein plastikfreies Leben in ähnliche Situationen. Wenn du magst, kannst du deine Erfahrungen und Ideen unter dem Hashtag zum Buch teilen. Dann können wir uns weiter austauschen.

☞ *Tipp: Ausnahmen ausdrücklich erlaubt*

Für mich gehören Ausnahmen dazu. Wenn ich zum Beispiel bei jemandem zum Essen eingeladen bin, würde ich niemals etwas ablehnen, weil es in Plastik verpackt war oder ist. Ich finde, das grenzt mich unglaublich aus, macht das plastikfreie Leben nicht mehr alltagstauglich und sorgt für sehr schlechte Stimmung. Wir wollen doch gerade das Gegenteil bezwecken: den plastikfreien Alltag ganz positiv vorleben, damit sich so viele wie möglich anschließen.

PLASTIKFREI MIT HAUSTIEREN

Plastikfrei mit Hund: Vor allem beim Hund in der Stadt gibt es eine große Plastik-quelle, und zwar die Hundekotbeutel. Dafür existiert eine gute Alternative, und zwar eine kleine Pappbox aus recyceltem Material. Mit ihr kann man den Hunde-kot aufschaufeln und mit der Box im nächsten Mülleimer entsorgen. Da sie nur aus Pappe besteht, ist sie komplett kompostierbar. Die vermeintlich abbaubaren Bioplastiktüten dagegen sind wegen der am Anfang erwähnten Probleme (siehe Seite 19) keine gute Lösung.

Futter für Hunde und Katzen gibt es im Glas, du kannst sie aber auch zum Beispiel barfen (roh füttern) oder selbst bekochen. Dabei solltest du dich genau informie-ren, auf was du achten solltest.

GESCHENKE

Der Umgang mit Geschenken ist ein sensibles und schwieriges Thema, finde ich. Vor allem bei den Dingen, die du selbst überreicht bekommst. Natürlich mag jetzt der eine oder andere der Meinung sein, dass es zu weit geht, wenn man Geschenke ablehnt. Die anderen meinen es ja gut, sie kennen nur nicht unseren Lebensstil. Dieser Meinung bin ich grundsätzlich auch. Unser plastikfreies Leben soll ja für alle möglich sein. Ich habe dennoch ein paar Tipps für dich, wie du manchmal den »Plastikgeschenken« entgegenwirken kannst.

Freunde und Familie bekommen ja sowieso deinen veränderten Lebensstil mit und erkundigen sich sicher vor dem Geburtstag oder vor Weihnachten, was du dir von ihnen wünschst. Dann kannst du dir ein paar Ideen überlegen, die in deinem

Gibt es in deiner Stadt einen Unverpackt-Laden? Ich kaufe dort sehr gerne ein.

Sinne sind. Wenn du zum Beispiel eine Edelstahlflasche brauchst, dann warte doch deinen nächsten Geburtstag ab und wünsche sie dir von allen zusammen. Oder du wünschst dir ein gemeinsames Erlebnis. Denn eine schöne Zeit zusammen ist tausendmal besser als ein materielles Geschenk.

Bei anderen Menschen, die dich nicht so gut kennen, ist es schwieriger. Hier würde es seltsam wirken, wenn du ein Geschenk ablehnst oder dich sogar darüber beschwerst. Da diese Situationen ganz selten sind, nehme ich die Geschenke meistens dankend an.

PLASTIKFREI MIT UND OHNE UNVERPACKT-LADEN

Es gibt schon viele Unverpackt-Läden und mir kommt es vor, als eröffnete jeden Monat irgendwo einer. Wahnsinn, wenn man bedenkt, wie schräg mich alle angeschaut haben, als ich erzählt habe, dass meine Mutter jetzt einen plastikfreien Laden aufmacht. Im Februar 2014 – das ist noch gar nicht lange her – war es erst der zweite Laden in Deutschland und jetzt gibt es schon so viele.

Ob es in deiner Stadt auch einen gibt, findest du auf meinem Blog. Dort aktualisiere ich immer die Liste von allen Unverpackt-Läden in Deutschland, Österreich und der Schweiz. Gib dafür einfach in das Suchfeld auf plastikfreileben.de »Unverpackt-Liste« ein.

Wenn du keinen Laden bei dir in der Nähe findest, bedeutet das nicht gleich das Aus für dein plastikfreies Leben. Du kannst auch ohne diese praktischen Geschäfte viele Dinge ändern. Als die ganze Plastikfrei- und Zero-waste-Bewegung angefangen hat, gab es diese Läden noch überhaupt nicht und da war es auch schon möglich, eine Menge Plastik zu sparen. Also, keine Sorge, du schaffst das!

Ein paar »spezielle« plastikfreie Produkte wie zum Beispiel Hygieneartikel, Bienenwachstücher und Ähnliches wirst du wahrscheinlich nur bei nachhaltigen Onlineshops bestellen können. Gib am besten gleich eine große Bestellung auf und frage Freunde und Bekannte, die deinen Lebensstil teilen, ob sie mitbestellen wollen. So wird nicht jede Kleinigkeit einzeln zu dir geliefert, und das spart Verpackungsmaterial und CO_2. Ansonsten kannst du vielleicht alle zwei Monate zu einem Unverpackt-Laden in deiner Nähe fahren, wenn er einfach nur zu weit weg zum regelmäßigen Einkaufen, aber doch noch erreichbar ist.

Beim Lebensmitteleinkauf ist es ein bisschen schwieriger. Viele Lebensmittel sind in Plastik verpackt – daran können wir nichts ändern, vor allem nicht bei großen Supermarktketten. Deswegen besuche ich lieber die kleineren Einkaufsmöglichkeiten wie inhabergeführte Geschäfte, Feinkostläden oder einen Markt. Dort bekommst du viele Produkte ohne Plastikverpackung. Mehr Informationen, wo du überall plastikfrei einkaufen kannst, findest du ab Seite 54.

Es kann gut sein, dass du das eine oder andere Produkt nicht findest. In diesem Fall hast du zwei Möglichkeiten: Entweder du akzeptierst, dass diese eine Sache sich nicht plastikfrei umsetzen lässt, und vermeidest nur bei allen anderen Punkten Plastik. Wenn du dich so entscheidest, kannst du darauf achten, dass du immer die größtmögliche Packung nimmst, so sparst du zumindest die ganzen kleinen Einzelverpackungen. Oder du bestellst auch hier ein paar Sachen online. Ich finde zum Beispiel, dass sich dies bei größeren Mengen der Grundnahrungsmittel wie etwa Nudeln, Reis oder Getreide wirklich lohnt. Auch hier kannst du dich mit Freunden oder Nachbarn zusammentun und eine Einkaufsgemeinschaft bilden. Entweder ihr bestellt direkt beim Erzeuger oder bei plastikfreien Onlineshops, denn viele haben auch trockene Lebensmittel im Angebot.

Was hier die beste Variante für dich ist, musst du ausprobieren. Vielleicht ist es auch eine Mischung. Denk einfach immer daran, dass jedes Plastikteil, das du dauerhaft aus deinem Alltag verbannst, ein großer Erfolg ist.

Auf dem Markt bekommst du viele unverpackte Lebensmittel.

IM BÜRO UND IN DER SCHULE

Plastiksparen im Büro und in der Schule ist viel leichter, als du denkst. Auf dem Schreibtisch findet sich oftmals eine wahre Plastiksammlung wieder: Hefter, Stifte, Scheren, Folien – fast nichts kommt ohne Plastik aus. Aber es gibt zahlreiche Alternativen, die ich dir kurz vorstelle:

- **Marker:** Große Marker, die komplett aus Plastik bestehen, sind meist Standard im Federmäppchen. Es geht aber auch ganz einfach anders: Nimm ab jetzt einen Buntstift. Die gibt es in allen möglichen Formen und Farben – da findest du garantiert das Richtige, um Textausschnitte hervorzuheben.

- **Schere:** Das ist eine der Veränderungen, für die du dir etwas Zeit lassen kannst. Wenn du eine Schere hast, bist du damit für die nächsten Jahre ausgestattet. Wenn du sie regelmäßig schärfst, wird sie sogar sehr viele Jahre halten. Oftmals geben aber nach einer gewissen Zeit die Plastikgriffe nach und brechen. Dann ist es an der Zeit, die Schere zu ersetzen, weil sie nicht mehr voll funktionsfähig ist. Dann kannst du dir eine Schere anschaffen, die nur aus Metall besteht.

- **Lineal:** Bei mir ist in jedem Schuljahr mindestens einmal mein Lineal gebrochen und wurde natürlich wieder sofort durch ein Plastiklineal ersetzt. Es gibt aber auch hierfür eine langlebige Alternative! Holzlineale finde ich von der Handhabung am praktischsten. Wenn du magst, kannst du dir natürlich auch eine Variante aus Metall besorgen.

- **Hefter oder Heftstreifen:** Beides gibt es aus Papier oder Pappe und du kannst Artikel aus Plastik ganz leicht ersetzen. Du hast auch zwischen verschiedenen Farben die Auswahl, damit du deine Unterlagen unterscheiden und in Ordnung halten kannst.

- **Heftumschläge:** Es muss kein Plastik sein, auch wenn diese Umschläge so verbreitet sind. Du kannst entweder Umschläge aus Papier kaufen, die gibt es in den verschiedensten Größen, Farben und Mustern. Du kannst dir aber auch selbst welche basteln. Ich hatte zum Beispiel in der Grundschule Umschläge aus Filz, die mir meine Mutter genäht hat. Sie hat vorne sogar immer ganz unterschiedliche Tierchen aufgenäht. Oder du nutzt Zeitungspapier zum Einschlagen.

- **Klarsichthüllen:** Ja, auch die gibt es plastikfrei! Sie bestehen aus ganz dünnem und feinem Papier. Natürlich kannst du da nicht so gut hindurchsehen wie bei der herkömmlichen Plastikfolie. Aber du kannst alles gut lesen und erkennst, was sich darin befindet. Das reicht, finde ich. Obwohl sie aus so dünnem Papier sind, reißen sie übrigens gar nicht leicht. Ich benutze meine schon seit über anderthalb Jahren und sie sind noch nicht kaputt.

- **Kugelschreiber:** Statt hundert minderwertige Plastikkugelschreiber zu haben, gönne dir doch einen richtig schönen und hochwertigen Stift, den du immer wieder nachfüllen kannst. Dann musst du nur die Mine ersetzen und sparst viel Plastik.

Mit diesen Dingen kann dein Schreibtisch ganz einfach plastikfrei werden.

Zu einem nachhaltigen Büro gehört natürlich der sparsame Umgang mit Papier. Versuche, möglichst wenig auszudrucken, und setze auf E-Dokumente im Computer. (Vergiss aber die regelmäßige Sicherung auf einem externen Laufwerk nicht!) Wenn du etwas ausdrucken musst, ist recyceltes Papier die bessere Alternative. Sobald du die Ausdrucke nicht mehr brauchst, kannst du sie als Notizpapier verwenden.

Für Büro und Schule gibt es viele plastikfreie Lösungen.

PLASTIKFREI IN DER SCHULE

Den Schulalltag von den jüngeren Schützlingen plastikfrei zu gestalten, scheitert oft gar nicht an den Eltern, sondern an den strengen Einkaufslisten der Schulen. Vor allem in den ersten zwei Jahren war kaum etwas erlaubt, das ein wenig von der Norm abwich. Ich kann mich noch gut daran erinnern, weil meine Mutter mir lieber nachhaltigere Varianten mitgab. Wenn das bei deinem Kind auch der Fall ist, dann suche am besten das Gespräch mit der Lehrerin oder der Schulleiterin. Gerade Kinder sind so daran interessiert, unserer Umwelt Gutes zu tun, und können oft nicht begreifen, warum die Erwachsenen so »wenig« dafür tun. Wäre es nicht auch ein ganz tolles Projekt für die Schule, immer plastikfreier zu werden? Du kannst dabei helfen oder auf Alternativen hinweisen und den Schülern dabei helfen, die Tipps umzusetzen.

AUF REISEN

Auf Reisen ist es meist viel schwieriger, auf Plastik zu verzichten. Bei jedem neuen Land oder Ort geht alles wieder von vorne los. Es fühlt sich dann an, als würdest du gerade erst anfangen, auf Plastik zu verzichten, und hättest noch überhaupt keine Erfahrung. Das kommt daher, das du dich nicht auskennst und es andere Sitten und Bräuche gibt. Außerdem prasseln so viele neue Eindrücke auf dich ein, dass es nicht immer leicht ist, auf Plastik zu verzichten oder die Plastikfallen gleich zu erkennen. Zu Hause weißt du, wann du worauf achten musst und gegebenenfalls etwas abbestellen musst, aber in einer anderen Umgebung? Da kommt das meiste sehr überraschend.

Mit der Zeit habe ich mir ein paar Verhaltensweisen angewöhnt, dir mir dabei helfen, auch auf Reisen Plastik einzusparen.

- Vor allem meine Tipps aus der Rubrik »Unterwegs« helfen auch bei Reisen aller Art sehr gut. Vielleicht wirfst du vor dem nächsten Urlaub nochmals einen Blick darauf?

- Wenn du in ein Land fährst, wo du das Leitungswasser nicht überall trinken kannst, oder wenn du da sehr empfindlich bist, dann kannst du dir einen Wasserfilter für deine Flasche besorgen.

- Lass dir Zeit, um erst mal anzukommen und dich zu sortieren. Wenn du dich von der Anreise erholt hast, dann beginne wie an deinen ersten plastikfreien Tagen zu Hause. Schau dich in Ruhe um und – sofern du dich selbst versorgst – halte nach Einkaufsmöglichkeiten Ausschau, wo du plastikfrei oder plastikarm einkaufen kannst. Oft gibt es einen Markt. Frage doch die Einheimischen danach. Das ist auch eine schöne Gelegenheit, die dortige Kultur kennenzulernen.

Mit wiederverwendbaren Behältern kannst du auch auf Reisen viel Plastik sparen.

- Wenn ich in einem Land bin, in dem ich die Sprache nicht kann, übersetze ich mir vorher immer den Satz: »Ich möchte Plastik sparen. Können Sie mir die Lebensmittel bitte in meine Behälter füllen?« Meistens verstehen die Verkäufer an den Ständen und in den Läden das jedoch auch ohne meinen Hilfszettel.

- Wenn du in einem neuen Restaurant bist, dann schau dir die Gerichte und Getränke der anderen Gäste an. So kannst du sehen, wie sie serviert werden und ob dabei Plastikmüll anfällt. Wenn ja, dann sage einfach bei deiner Bestellung dazu, dass du kein Plastik möchtest. Auch hier hilft ein übersetzter Zettel mit Standardsätzen wie »Ich möchte bitte keinen Trinkhalm!«.

ANDERE BEHUTSAM INS BOOT HOLEN

Wenn du deine Freunde von deinem neuen Lebensstil überzeugen willst, solltest du nicht aufdringlich sein und nicht versuchen, ihnen deine Verhaltensweise aufzuzwingen. »Missionieren« hat oft zur Folge, dass sich Menschen verschließen oder gleich ablehnend reagieren. Das positive Vorleben weckt mehr Interesse. Ich habe anfangs nicht gleich aller Welt verkündet: »Ich lebe ab jetzt plastikfrei(er)!« Meine Freunde sind erst darauf aufmerksam geworden, als ich ein paar Dinge anders gemacht habe und zum Beispiel im Café meinen eigenen Glashalm aus der Tasche geholt habe. Die anderen fangen an, nachzufragen. So haben sie gleich ein viel offeneres Ohr, als wenn du ihnen das Thema aufdrängen würdest. Du kannst dann einfach locker erzählen, warum und wie du Plastik vermeidest.

Du wirst ziemlich schnell merken: In den kommenden Wochen werden auch deine Freunde aufmerksamer und sensibler im Umgang mit Plastik. Höchstwahrscheinlich werden sie nicht gleich alle anfangen, so wie du auf Plastik zu verzichten, aber ihnen wird auch öfter auffallen, wie ungeheuer viel Plastikmüll eigentlich anfällt. Und irgendwann, nachdem ihnen immer häufiger bewusst geworden ist, wo und wie viel Müll überall anfällt, werden auch sie in kleinen Schritten anfangen, das allgegenwärtige Plastik zu vermeiden.

Es ist auch sehr wichtig, dass du dich über anderes Verhalten in Bezug auf Müllvermeidung nicht zu sehr aufregst. Nicht jeder kennt das Ausmaß unseres Konsums. Manche fühlen sich angesichts der Unmengen an Abfall auch ganz hilflos und können sich nicht vorstellen, dass die kleinen Schritte von jedem Einzelnen wirklich viel bewirken können.

KRITIK ÜBEN UND DIE EIGENE MEINUNG SAGEN

Wenn du anfängst, auf Kunststoff zu verzichten, wird dir auffallen, dass dir plötzlich sehr viel ins Auge springt, was mit Plastikmüll zu tun hat – ob es nun unnötige Verpackungen sind, Müll an der Straßenecke oder Verhaltensweisen, die noch mehr Müll verursachen. Vor allem, wenn ein Verhalten einfach unglaublich viel Abfall verursacht, hast du vermutlich das Gefühl, etwas sagen zu müssen.

Ich bin eigentlich kein Fan davon, Kritik am Verhalten anderer zu üben, aber manchmal muss einfach etwas ausgesprochen werden, und dann kommt es auf den richtigen Ton an. Oft gibt es in unserem Umfeld verschiedene Standpunkte und für die Einzelnen sind unterschiedliche Dinge wichtig. Wenn wir in solchen Situationen damit anfangen, uns gegenseitig zu kritisieren, bringt das wenig. Es hat keinen positiven Effekt, sondern alle sind genervt voneinander. Damit das nicht passiert, ist es so wichtig, zunächst das Gegenüber zu verstehen und den anderen Standpunkt kennenzulernen.

Wenn du in eine Situation kommst, wo du unbedingt etwas sagen musst und etwas überhaupt nicht gut findest, dann sei nicht zu voreilig. Du kannst deinem Gegenüber erst mal sagen, was du toll an seiner Einstellung findest. Dann kannst du versuchen, auch deinen Ansatz zu beschreiben und zu erklären, warum du im Alltag auf Plastik verzichtest.

Ich finde, Kritik zu üben hat auch immer etwas mit Aufklärung zu tun und für mich ist dies sogar der wichtigere Aspekt. Lieber erkläre ich sehr viel zu einem Thema, nenne zahlreiche Fakten und Beispiele und wecke so das Interesse meines Gegenübers, als dass ich durch harte Kritik abschrecke und andere sich meinem Anliegen gegenüber verschließen.

MINIMALISMUS UND DOWNSIZING

Das plastikfreie Leben heißt für mich, wie erwähnt, nicht nur, auf Plastik zu verzichten, sondern eben auch weniger zu besitzen und mich auf das Wesentliche zu konzentrieren. Die Beschränkung dessen, was ich besitze, finde ich sehr schön und ich bin damit sehr glücklich. Ich will dir das Prinzip deshalb kurz vorstellen. Warum sollte man überhaupt reduzieren? Denk nur einmal an deinen vollen Kleiderschrank, den Keller oder die Abstellkammer, vielleicht sogar noch an den Dachboden. Alles ist voll mit unseren Besitztümern. Trotzdem haben wir oft das Gefühl, dass wir noch mehr brauchen und auf nichts verzichten können. Ein großer Teil unseres Lebens dreht sich also um die Sachen, die wir besitzen und die wir schließlich auch pflegen müssen. Aber sollten wir diese Zeit nicht lieber in uns selbst investieren? Durch einen minimalistischen Lebensstil bekommst du wieder einen Blick fürs Wesentliche und auch sonst hat er viele positive Aspekte. Du besitzt weniger, brauchst weniger Wohnraum, sparst Geld und Zeit. Außerdem definierst du dich selbst und dein Glück nicht mehr durch Besitztümer, sondern wirklich durch dich selbst und schöne Erlebnisse, Bekanntschaften und Erfahrungen.

WO ANFANGEN?

Willst du dein Leben auch ein bisschen entrümpeln, aber weißt nicht, wo du anfangen sollst? Am besten fängst du mit dem Bad an. Schau dir nochmals meine Tipps an, die ich in dieser Rubrik in meinem Vier-Schritte-Programm beschrieben habe. Packe zunächst alles, von dem du zu viel hast, in eine Box und schaue, ob du es innerhalb eines Monats herausnimmst und benutzt. Wenn das nicht der Fall ist, kannst du dir sicher sein, dass du auch sehr gut ohne auskommst, und kannst es an jemand anderen weitergeben. Du kannst die Sachen spenden, verkaufen oder an Freunde verschenken. Das ist besser als Wegwerfen.

Du wirst sehen: Wenn du das im Anschluss mit deinem Kleiderschrank, deiner Küche und allen weiteren Bereichen deines Lebens machst, dann hast du nach und nach viel weniger Besitztümer. So entrümpelst du dein Leben sehr schnell und kannst dich wieder auf das Wichtige konzentrieren.

Fang beim Downsizing am besten im Bad an. Was brauchst du wirklich? Was ist überflüssig?

FÜR IMMER PLASTIKFREI

Juhu: Du hast es geschafft! Glückwunsch! Du hast bist zum Schluss durchgehalten und dir viel neues Wissen zum Thema plastikfreies Leben angeeignet – und du hast auch schon begonnen, es umzusetzen. Wenn du nun einmal in deinen Plastikmülleimer schaust und deinen Blick durch die Wohnung gleiten lässt, siehst du, wie viel du schon geschafft hast. Jetzt wird es natürlich noch einiges geben, das auf deiner Plastikfrei-to-do-Liste steht.

Deswegen habe ich hier noch eine Liste für dich. Dort kannst du die Dinge eintragen, die dir jetzt oder nach einiger Zeit einfallen und für die du noch Lösungen brauchst. Trage in die eine Spalte die Bereiche oder Produkte ein, die du noch ändern möchtest, und in der anderen hast du Platz für die gefundenen Lösungen. So hast du alle Tipps und Lösungen gesammelt in einem Buch. Wenn ich mal für etwas keine plastikfreie Lösung parat habe, schau ich immer ganz viel im Internet oder frage mal bei Freunden nach, die das wissen könnten. Wenn du gerade bei diesen Punkten bist und dir nichts einfällt, dann poste doch einfach mal deine Liste unter unserem Hashtag #einfachplastikfreileben, dann können wir dabei helfen, das Problem zu lösen, und wir haben alle zusammen eine wachsende Sammlung von weiteren Tipps.

Da du jetzt am Ende von #einfachplastikfreileben angekommen bist, ist dir sicherlich aufgefallen, dass es im Grunde gar nicht so schwer ist, auf Plastik zu verzichten. Du musst nur wissen, wie es geht, und oft gibt es simple Alternativen, die du einfach nur kennen musst. Ich hoffe, ich konnte dir einen guten ersten Überblick geben, wie du ab jetzt auf Kunststoffe in deinem Leben verzichten kannst, und konnte dich für meinen grünen Lifestyle gewinnen. Schön, dass du mitmachst und unsere Welt plastikfreier gestaltest!

Ich konnte nicht alle Aspekte in diesem Buch beschreiben, aber schau doch auf meinen Social-Media-Accounts und meinem Blog vorbei:

- **Instagram-Account:** plastikfrei_leben
- **Facebook:** Plastikfrei Leben
- **Youtube:** Plastikfrei Leben
- **Blog:** www.plastikfreileben.de

Wir sehen uns auf Instagram unter #einfachplastikfreileben!

NACHHALTIGER DRUCK – PLASTIKFREI UND ÖKOLOGISCH

Dieses Buch ist besonders umweltfreundlich – es besteht nämlich aus Apfelresten. Wie das möglich ist? Dem Unternehmen frumat aus Bozen ist es gelungen, aus Apfelabfällen ein biologisch abbaubares Papier herzustellen. Südtirol ist eines der größten Apfelanbaugebiete Europas und bei der Apfelsaftherstellung fallen jährlich Tausende von Tonnen Reste an. Dieser zellulosehaltige Trester ist für den Abfall viel zu schade – denn nachdem er getrocknet und zermahlen wurde, lässt er sich zusammen mit chlorfrei gebleichter, FSC-zertifizierter Zellulose zu Papier verarbeiten. Aus Produktionsrückständen wird also ein neuer Rohstoff gewonnen. Doch das ist noch nicht alles: Bei der Papierherstellung wird nur erneuerbare Energie (RECS-zertifiziert) verwendet, ein wichtiger Beitrag, um CO_2-Emmissionen zu verringern. Eine neue Generation Papier, die perfekt zu diesem Buch passt.

Checkliste: *Das möchte ich noch ändern*

Plastik in	Ersetzen durch	Erledigt!
1.		◯
2.		◯
3.		◯
4.		◯
5.		◯
6.		◯
7.		◯
8.		◯
9.		◯
10.		◯

DANKSAGUNG

Meiner lieben Mama Katrin Schüler möchte ich als Erstes danken – dafür, dass du schon so früh angefangen hast, für eine plastikfreie Welt zu kämpfen, und mir gezeigt hast, wie einfach das geht. Einen riesigen Dank an meinen lieben Freund. Danke, dass du mich immer unterstützt.

Vielen Dank an Nina Sahm, dass du mit solcher Begeisterung das Buch betreut hast. Auch ganz lieben Dank an Ulrike Schöber für das tolle Lektorat und an Josefine Britz für das schöne Layout! Und natürlich an alle, die sonst noch an dem Buch mitgewirkt haben, vielen lieben Dank für eure tolle Arbeit!

IMPRESSUM

© 2019 by Südwest Verlag, einem Unternehmen der Verlagsgruppe Random House GmbH, 81637 München, Neumarkter Str. 28

Dieses Buch wurde auf biologisch abbaubarem »Apfelpapier« gedruckt. Rohstoff für das Papier *Cartamela* sind Apfelreste (Trester) aus der apfelverarbeitenden Industrie. Zur Papierherstellung wird nur erneuerbare Energie (RECS-zertifiziert) verwendet, ein Beitrag zur Verringerung von CO_2-Emissionen. Geliefert wird Cartamela von frumat, Bozen.

Projektleitung: Nina Sahm

Lektorat: Ulrike Schöber, Dortmund

Korrektorat: Susanne Schneider

Layout und Illustrationen: Josefine Britz

Satz: Knipping Werbung GmbH, Berg am Starnberger See

Bildredaktion und Leitung der Fotoproduktion: Sabine Kestler

Fotografie
Susanne Krauss: Seite U1 (o. li., Mi. re., u. li., u. re.), 2, 13, 33, 35, 38/39, 46/47, 52, 57, 60, 67, 72, 79, 81, 82/83, 86, 93, 94, 99, 120, 122/123, 125, 135, 136/137, 144, 146, 155
Charlotte Schüler: Seite U1 (o. re.), 8/9, 18, 63, 69, 71, 76, 88, 98, 103, 104, 110/111, 117, 127, 149, 151
Justin Hofman (www.justin-hofman.com): 96; Shutterstock: U1 o. Mi. (Anna Pustynnikova), Mi. li. (asife), u. Mi. (Lucky elephant)

Für die freundliche Unterstützung der Fotoproduktion danken wir: Shotgun Sister Coffeebar, www.shotgunsister.com; Der Plastikfreie Laden, www.plastikfreiezone. de; Obststand von Konrad Kopp am Wiener Platz, München.

Für die freundliche Unterstützung danken wir HYDROPHIL/Wasserneutral GmbH (www.hydrophil.com).

Umschlaggestaltung und Konzeption: Zeichenpool, München

Litho: Longo AG, Bozen

Druck und Bindung: Longo AG, Bozen

Printed in Italy

ISBN 978-3-517-09801-2

3. Auflage 2019